하나님께 붙들린 사람

조영애 지음

하나님께
붙들린 사람

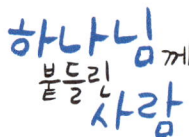

초판인쇄   2019년 9월 25일
재판발행   2019년 10월 30일

발 행 인   서예석
발 행 처   도서출판 영성네트워크
주   소   서울시 노원구 덕릉로 129길
전   화   02) 3391-7733
팩   스   02) 930-4907
홈페이지   www.csn21.co.kr
e - m a i l   socs25@hanmail.net

지 은 이   조영애

기   획   유정숙
사   진   정정란
디 자 인   영성네트워크 디자인부
편   집   김은미 · 오은경, 이성덕

값 12,000원
저자와 협약 아래 인지는 생략되었습니다.
이 출판물은 저작권법에 의해 보호를 받는 저작물이므로 무단 전제와 무단 복제를 할 수 없습니다.

하나님께 붙들린 사람

도서출판영성네트워크
www.spiritual21.com　　SPIRITUAL NETWORK CO.,LTD.

모세를 살리고 걸작품으로 만드신
불가능을 가능케 하신
그 하나님이
우리의 하나님이심을 기억하세요.

⚜

우리의 아무렇지 않은 이 평범한 일상이
지금도 누군가에겐
간절한 아주 간절한 기도가 되고 있다는 사실을 **아시고**
지금 이 순간을 감사하면서
행복하시길 소망합시다.

이 책에 쏟아진 찬사

생후 3일 만에 대뇌 70%, 소뇌 90%를 절단, 그래서 단 1%의 삶도 허용되지 않았던 생명이었지만 홍해의 기적처럼 모세에게 기적이 나타났다. 그리고 이제 온 세상을 향해 희망과 꿈을 노래하며 도전과 소망을 심고 있다. 물론 그 배후에는 어머니 조영애 여사의 그저 살려만 달라는 눈물의 기도와 희생이 밑거름이 되었으리라..
[하나님께 붙들린 사람]은 노래가 아닌 펜으로 살아계신 하나님을 큰 울림으로 각인시켜주고 있다. 때문에 책을 접하는 독자들이 페이지를 넘길 때마다 또 다른 진한 감동을 맛보게 될 것이기에 기쁜 마음으로 추천한다.

충정교회 옥성석 목사

하나님은 이땅에 기적을 선물로 주십니다. 모세가 그 선물입니다. 하나님은 모세를 선택하고 사용하셨지 모세가 이루어낸 건 아무것도 없습니다. 그래서 모세의 간증이 더욱 귀할 수밖에 없습니다.
조영애 집사가 우리 교회에서 간증할 때 자랑할 게 없다고 했습니다. 하나님의 일에 우리는 쓰임받는 역할이지 주도적인 역할이 아닙니다. 그래서 이 책이 귀합니다.

영안교회 양병희 목사

모세는 기적을 만들어 나가고 있습니다. 따뜻한 마음을 갖고 세상에 감사할 줄 아는 천사 같은 모세가 이 책을 통해 많은 분들께 사랑을 나눠 줄거라 생각합니다.
[하나님께 붙들린 사람] 책 출간을 진심으로 축하합니다.

아나운서 도경완, 가수 장윤정

홍해 바다를 가르는 모세의 기적처럼 고난의 바다를 가르는 21세기 모세의 기적이 담겨 있는 책! 역경의 무게보다 사랑의 무게가 얼마나 더 크고 위대한지를 가르쳐 주는 인생의 참고서!
모세 어머니 조영애 집사님의 그 숭고한 사랑이 만들어낸 기적의 선물, 박모세!
모세가 태어나기 전부터 지금까지 인도하신 하나님의 그 크신 사랑을 기록한 조영애 집사님의 사랑이야기를 이 땅의 모든 어머니, 아버지, 그리고 우리 모두가 읽고 그 사랑에 전염되기를 바라며 감사한 마음으로 적극 추천합니다.

거제고현교회 박정곤 목사

모세가 간증을 통해 성도들에게 전해준 하나님의 놀라우신 역사는 늘 듣는 이들에게 아름다운 소망과 믿음을 주었습니다. 사람의 능력이 아닌 오직 하나님의 인도하심과 선하심만을 높이는 모세와 모세 어머니의 믿음은 저와 우리 성도들에게 많은 도전을 주었습니다. 이 책을 통해 더 많은 한국교회의 성도들이 하나님의 선하심과 인자하심과 능하심을 믿고, 그들의 삶에서도 동일한 하나님의 인도하심을 받게 되길 기도합니다.

해오름교회 최낙중 원로목사

세상에 모든 사람들이 다 하나님의 은혜로 살아가고 있지만 박모세 군에게는 하나님이 주신 특별한 은혜가 있습니다. 박모세 군과 어머니께서 주신 은혜를 찬양하고 간증하는 삶을 살아가고 있는데 참 복된 삶입니다. 이번에 나오는 간증집을 통해서 많은 사람들이 우리가 은혜로 살아가는 인생임을 깨닫게 되기를 소망합니다.

사회복지법인 밀알복지재단 상임대표 정형석 목사

이 책에 쏟아진 찬사

처음 모세씨를 보고 엄청난 기적이라고 생각했습니다. 모세씨 어머니를 만나고 나서는 사랑과 헌신의 열매라고 생각했습니다. 이 책을 읽고나면 모세씨를 만들고, 모세씨 어머니의 기도를 들으신 하나님이 얼마나 위대한 분인지 깨닫게 됩니다.

KBS 아침마당 아나운서 김재원

모세의 노래를 듣고 하늘의 별이 우리 곁에 천사로 머문다는 걸 느꼈답니다. 마음이 힘들 때마다 모세의 목소리로 위안을 받아요.
"모세야 한없이 감사해. 그리고 사랑해"

탤런트 김나운

하나님은 모세 형제를 축복의 통로로 사용하셔서 사람에게 더 깊이 다가오십니다. 영적인 세계를 눈으로 볼 수 없으니 그 깊이를 모세를 통해 보게 하십니다. 지난 삶의 과정을 문자로 기록해서 더 많은 사람에게 놀라운 하나님의 사랑을 전하고자 하는 모세형제 어머니 조영애 집사님에게 감사하며 이 책이 땅끝까지 전해져서 복음이 충만해지길 소망합니다.

가천대 국문과 교수 문복희 시인

수많은 벽을 하나님을 의지하여 넘어오셨습니다. 박모세군이 이렇게 멋진 하나님의 사람으로 성장한 것도 하나님의 은혜요, 어머니의 귀한 헌신의 결과입니다. 앞으로 하나님을 의지하여 벽을 넘는 승리가 계속되길 기원합니다. 다윗처럼 벽을 넘어 승리하시길!

부산부전교회 박성규 목사

모세의 일상은 기적입니다. 기적은 하늘로부터 내려옵니다. 내 스스로 만들어내는 것이 아니지요. 분명히 이 책을 읽는 독자들에게도 기적이 일어나리라 봅니다. "모세~ 아기같이 착하고 해맑은 모습으로 우리 곁에 있어서줘서 많이 많이 고마워. 모세 화이팅!"

탈렌트/가수 김성환

이 책의 저자 조영애 집사님은 참 씩씩합니다. 장애우 가족이 안고 있는 고통을 처음부터 끝까지 감사로 고백하고 하나님의 사랑으로 선포합니다. 절망의 끝에 서보지 않은 사람은 그 끝자락에서 그리스도의 복음으로 자신을 내려놓는다는 것이 얼마나 큰 일인지 모릅니다. 이 책에서 고난을 이겨내고 승리한 놀라운 기적을 독자들도 함께 경험하길 소망합니다.

공연감독 손덕기

한음한음 되뇌이며 정성스럽게 노래를 이어가는 모세의 모습은 기적을 노래하는 것과 같습니다. 그가 전해준 노래는 세상의 모든 장애인들에게 희망이며, 더불어 사는 세상을 노래하는 것과 같습니다. 작고 고운 온기 가득한 손으로 반갑게 악수를 하며 오히려 고마움을 전하는 그를 잊을 수가 없습니다. 칡흙같은 어둠에서도 빛을 보았던 어머니의 노력과 쉼 없는 열정으로 희망을 노래하는 모세의 의지는 장애인들에게 또 다른 세상의 빛을 전해줍니다. 더 큰 세상의 빛과 소금으로... 우리에게 늘 따뜻한 희망으로 오래오래 그 목소리를 듣고싶습니다.

한길학교 이사장 한창섭

모세가 평창 동계 스페셜 올림픽 세계대회 개막식에서 애국가를 부르고 모세의 소식은 빠르게 전해졌습니다. 방송국마다 출연요청이 쇄도했고 각 언론사에서 인터뷰 요청도 많았습니다. 뿐만 아니라 미주 지역을 비롯해 해외에서도 연락을 주었습니다. 특별히 KBS '노래가 좋아'에 출연해 최초 4연승 명예졸업을 하자 또 다시 소식은 전해지고 전국의 개교회에서 모세를 초청하여 간증을 듣고 싶다는 연락이 끊이지 않았습니다.

한두 달 사이에 모세는 2년치의 스케줄이 꽉 짜여졌습니다.

사람들은 모세를 '기적의 청년' '희망을 노래하는 기적의 청년 모세'라고 불렀습니다. 장애를 딛고 노래하는 모세의 삶을 무척이나 궁금해 했습니다.

1%의 희망도 없던 아이, 태아 때부터 사망선고 받은 아이, 뇌의 90%을 절단하여 보지도 듣지도 말할수도 없다던 아이가 세계인들 앞에서 당당히 애국가를 불렀으니 어찌보면 당연한 일입니다.

사람들은 이 기적 같은 순간이 어떻게 가능하냐고 질문합니다. 사람의 지혜로는 풀이가 되지 않는 이 현상들을 설명해 달라고 합니다. 그때마다 일관되게 하는 말이 있습니다.

'모두가 하나님이 하셨습니다. 저는 아무것도 한 것이 없어요.'

기적은 하나님의 영역입니다. 인간의 계산으로 만들어지지 않습니다. 그래서 나는 이 기적으로 사람의 의가 드러날까봐 두려워 늘 깨어 기도했습니다.

모세 이야기가 세상에 알려지면서 책을 출간하자는 제안을 받게 되었습니다. 여러 출판사에서 제안했으나 그동안 미루어왔던 것은 마땅히 하나님께 돌아가야 할 영광이 사람을 높이게 될 것이 우려되었기 때문입니다.

2년 여 세월이 그렇게 흘러갔고, 많은 기도 가운데 두렵고 떨리는 마음으로 책을 출간하게 되었습니다.

책을 출간하면서 놀랍게 역사하신 하나님의 섭리에 감사와 영광을 먼저 드립니다. 늘 기도로 응원해 주시는 시어머님, 평생의 동역자 남편과 사랑하는 딸 혜지 그리고 마음으로 늘 응원해주는 친정 부모님과 동생들 또한 지금까지 잊지 않고 중보기도해주시는 많은 분들과 부족한 저희를 초청해주시고 귀한 시간을 내어주신 수많은 교회, 바쁘신 중에도 응원의 메시지로 격려해 주신 모든 분들께 마음을 담아 진심으로 감사의 말을 전합니다.

모든 분들이 이책을 통해, 죽을 수밖에 없는 모세를 살리신, 그 동일하신 살아계신 하나님을 만나시길 소망합니다.

조영애

CONTENTS

서문 |

1장 나는 지금도 모세를 통해 희망한다

사람의 능력 밖에 서 있는 모세 / 21
한나의 기도 / 28
1%의 삶도 허락받지 못한 아이 / 32
비비 틀어진 꽈배기 모양의 아기 / 36
모세의 기적 / 41
모세에게 배운다 / 46
시어머님의 기노 / 51
사도신경과 주기도문을 외우는 모세 / 57
네 번의 뇌 수술, 두 번의 다리 수술 / 62
세상을 무대 삼아 노래로 희망을 전할래요 / 65

2장 매일 꿈 꿀 수 있게 해주는 모세

붙들린 아이 / 77
불가능해보였던 희망이 현실이 되는 순간 / 84
바닥을 쳐야 하늘을 본다 / 89
가슴으로 울었던 나날들 / 95
어린아이의 미소와 몸짓 / 98

CONTENTS

모세의 기도 / 101
연단의 과정은 축복의 통로 / 106
모세를 향한 '하나님의 때' / 109
지하실 교회에 울려 퍼진 찬양의 기적 / 112
"트로트가 좋아요" / 118
'서프라이즈' / 120
어울리지 않는 성악가 / 122

3장 사람의 능력 밖에 서 있는 모세

똑똑 두드리고 다니는 모세 / 131
모세와 분리된다는 것 / 134
아무것도 할 수 없는 아이 / 137
모세의 절대 음감 / 140
바른 말 사나이 / 144
"아저씨, 오늘은 따뜻한 화요일이에요." / 146
버스 안에서 모세 / 149

"내 동생 모세는 천재" / 151
투혼 / 155
"오늘이 모여 평생 행복할 거야" / 162

4장 기적은 하나님이 행하시는 것

2013년 평창 스페셜 올림픽 / 171
세계대회 애국가 독창
 '어메이징' 미주순회집회 175
KBS '노래가 좋아' 4연승 명예졸업 / 185
참사랑의 훈육이 모세를 성숙시키다 / 192
백석예술대학교 입학 / 196
 모세를 위한 '후원의 밤' / 200
기적의 청년 모세 / 202
하늘에 닿는 기도 '아멘' / 206

어린 모세의 간증집회 기록 / 210

제1장 나는 지금도 모세를 통해 희망한다

사람의 능력 밖에 서 있는 모세

모세에 대한 이야기를 쓰기로 결심했을 때 나는 용기가 필요했다. 하나님께서 죽을 수밖에 없는 모세를 불쌍히 여기셔서 죽음에서 건지신 그 자비와 사랑을, 어떻게 말해야할지 어떻게 표현을 해야 할지 두려운 마음 때문이다.

아주 오래 전 일을 기억해내야 한다.

아주 작은 기억이라 할찌라도 내 기억의 끝에까지 다다를 수 있도록, 하나님께서 나에게 지혜를 주시고 함께 해주시길 기도드린다.

모세의 기적이 하나님의 섭리가 아닌, 그리고 그런 일이 일어날 수도 있지 않겠나 하는 모든 가능성을 없게 하기 위하여, 사람의 능력 밖의 공간에 모세를 두었던 것이리라 생각하며......

많은 사람들이 모세의 간증을 통해 은혜를 받았고, 그 은혜 받은 이야기를 들려주며 나에게 많은 용기를 주었다.

한 번은 모세와 함께 교회에서 간증을 하고 나오는데 미리 문 입구에 서 있던 군복을 입은 청년이 모세에게 다가왔다.

"오늘 받은 은혜를 다시 모세 형제에게 돌려주고 싶어요."

청년은 바로 두 손을 모세에게 향하고 '당신은 사랑 받기 위해 태어난 사람' 이라는 노래를 들려주었다.

모세의 이야기를 통해 은혜 받은 사람들이 자신의 은혜를 다른 사람들에게 표현하며 나누는 모습은 참으로 아름답고 감동적이었다. 그리고 내게는 큰 힘이 되었다. 나는 이 힘에 기대며 모세의 이야기를 쓰기로 용기를 내었다. 그렇더라도 여기에 다 담아 낼 수는 없다.

나는 모세의 삶이 다른 사람들에게 미약하지만 도움이 되기를 바라는 마음이다. 하지만 그보다 더 앞서는 것은 사람들이 모세의 이야기를 통해 하나님께 도움을 구하기를 바라는 마음이다. 하나님이 함께하시지 않으면 내 힘으로 할 수 없다고 고백할 때 그때에 하나님이 일하시기 때문이다.

난 우리 아이가 갖고 있는 장애를 이야기하려는 것이 아니다. 그렇다고 우리 아이가 갖고 있는 장애에 대한 벽을 이 사회가 이해하고 장애인의 중요성을 알아달라는 것도 아니다. 이 이야기를 통해 내가 하고 싶은 이야기는 시종일관 하나이다. 살아계신 하나님께서 모세를 건지시고 지극히 낮은 모세를 통하여 일하시는 그 사랑을 말하려는 것이다.

우리나라에도 방문했었던 닉 부이치치를 기억한다.
그는 수많은 명언과 감동의 메시지를 우리에게 전했다.
닉 부이치치는 태어날 때부터 팔과 다리가 없이 태어났다. 그는 자라면서 어린나이임에도 자살을 생각했다고 한다. 고통스러운 자

사진제공 : 두란노서원 사진팀

신의 삶을 끝내기를 원했다. 자신이 사람들에게 짐이 되고 있다고 느꼈다. 자신이 없어지는 것이 사람들에게 더 좋은 일이라고 생각했다. 얼마나 고통스러웠으면 3번이나 자살을 시도했겠는가. 그런 그에게, 인생의 전환점이 될만한 사건이 일어났다. 그것은 성경 요한복음 9장 1-3절 말씀이었다.

"예수께서 길을 가실 때에 날 때부터 맹인 된 사람을 보신지라 제자들이 물어 이르되 랍비여 이 사람이 맹인으로 난 것이 누구의 죄로 인함이니이까 자기니이까 그의 부모니이까 예수께서 대답하시되 이 사람이나 그 부모의 죄로 인한 것이 아니라 그에게서 하나님이 하시는 일을 나타내고자 하심이라"

부이치치에게는 환희의 순간이었을 것이다. 이 말씀으로 인해, 자신이 하나님의 영광을 위한 존귀한 존재임을 깨닫게 되었다. 그는 말한다. '내가 가지지 못한 것보다 내가 가진 것에 집중하라. 내가 가지고 있는 것에 감사하고 내 장점에 집중하라.'

부이치치의 책은 베스트셀러가 되었으며 전 세계로 다니며 자신의 장애를 보여주고, 그 장애를 받아들인 자신의 삶을 이야기 하고 있다. 그는 사람들에게 '내가 할 수 있으면 여러분도 할 수 있다' 고 외친다. 희망과 감동을 전하며 수많은 사람들의 삶을 변화시키고 있다.

그는 온전한 믿음으로 자신을 향한 하나님의 뜻을 이루며 살고 있다.

그렇다!
온 사방이 가로막혀 죽을 수밖에 없는 상황 속에서 무슨 소망이 있겠는가!
하지만 소망이 있는 것은 최악의 상황에서도 나를 건지시며 최적의 상황으로 바꾸어 주실 분이 계시다는 것이다.
그분은 바로 오직 하나님이시다.

없어야 좋을 사람은 없다. 내가 없으면 안 되는 사람도 없다. 그것은 우리가 아닌 하나님이 정하실 일이다. 너나 할 것 없이 우리는 모두 하나님의 것이요, 오직 하나님의 영광을 위해 존재해야 하며 오늘 하루의 삶을 우리에게 주심에 감사해야 한다. 많은 위인들이 오늘을 살고자해도 살지 못했기에 우리에게 주신 오늘 하루의 삶은 기적일 수밖에 없다.
모세 또한, 오늘을 살 수 없었지만 오늘을 살게 하신 것은 전적으로 하나님의 은혜이며. 장애를 가진 것 또한 하나님이 하시는 일을 나타내는 하나님의 영광을 위한 도구일 것이다.

고린도전서 1장 27-28절 말씀을 보면, "그러나 하나님께서 세상의 미련한 것들을 택하사 지혜 있는 자들을 부끄럽게 하려 하시고 세상의 약한 것들을 택하사 강한 것들을 부끄럽게 하려 하시며 하나님께서 세상의 천한 것들과 멸시 받는 것들과 없는 것들을 택하사 있는 것들을 폐하려 하시나니"라는 말씀이 나온다.

나는 이 말씀을 묵상하며 약하고 없는 것 같은 모세를 통하여, 세상을 향한 하나님의 메시지가 있음을 생각해본다.

하나님은 우리에게 은혜를 베푸사 살리기도 하시지만, 죽이기도 하시며 영과 육을 능히 지옥에 던지실 수도 있다는 것을 더 깊이 기억해야 할 것이다.

잠언 14장 21절과 31절에 보면 "이웃을 업신여기는 자는 죄를 범하는 자요. 가난한 사람을 학대하는 자는 그를 지으신 하나님을 멸시하는 자"라고 말씀하신다.

잘나고 싶어서 잘난 사람도 없고 못나고 싶어서 못난 사람도 없다.

우리가 아무 값없이 구원을 얻었기에 우리가 자랑할 것이 아무것도 없는 것과 같이 우리가 우리 된 것은 잘나든 못나든 다 하나님의 은혜로 된 것이기에 우리가 자랑 할 것은 아무것도 없으며 그 모든 것이 하나님의 은혜임을 감사함으로 고백한다면 더 큰 은혜를 누릴 것이다.

모든 것이 다 갖추어지고, 그 누가 보더라도 완벽하고, 세상에 드러나도 조금의 손색 없는 그런 사람이 멋지게 하나님의 일을 하는 모습은 누구나 그려보는 그림일 수 있다.

하지만 모든 것이 갖추어져 있지 않고 그 누가 보더라도 완벽하지 못하며 세상에 드러나면 부족함이 그대로 나타나는 그런 사람이 하나님의 택함을 받아 하나님의 일을 하는 모습은 더 은혜롭고 감동적인 그림이라고 생각한다.

하나님은 바로, 죽을 수밖에 없는 모세를 택하셔서 하나님의 살아 계심을 세상에 말씀하신다.

나는 지금 그 이야기를 쓰려고 하는 것이다.

하나님께서는 한 영혼이 천하보다 더 귀하다고 하신다. 하나님께서 건지신 모세의 이야기를 통하여 한 영혼만이라도 은혜받을 수 있다면 그보다 더 귀한 일이 어디 있겠는가.

한나의 기도

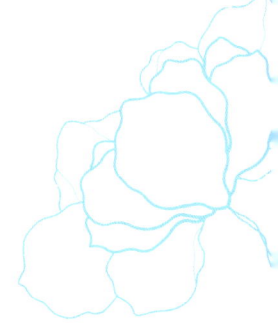

　　　　　　이제 27살이 된 모세는 27년 전이나 지금이나 어린아이와 같다. 그러나 처음부터 어린아이는 아니었다. 그 처음이라고 했던 과거는 생명의 씨앗이 싹을 틔울 수 있을지 없을지조차 알 수 없는 생사의 기로였다.

　사랑스러운 딸아이를 보면서 이루 말할 수 없을 만큼 행복했다. 한 명도 이렇게 사랑스럽고 예쁜데 둘째가 생기면 얼마나 더 행복할까 하는 그때에 선물처럼 찾아온 둘째 아기.

　나는 정말 행복했다. 사랑스러운 둘째의 모습을 상상하며 정기검진을 받으러 산부인과에 갔다.

　묻지도 않았는데 의사 선생님은 '이번엔 아들이네요. 아이가 좀 작은 것 같으니 고기 많이 드시고 일주일 후에 오세요.'라고 했다.

　생명에 대한 고귀함이랄까. 나는 어쩌면, 생명에 대한 소중함이 강했었는지도 모르겠다. 그리고 아들이란 말에 어찌나 기쁘던지... 나의 입가엔 미소가 떠날 줄 몰랐다. 풍요롭고 생명력이 넘치는 삶이었다. 내가 꿈꿔온 최고의 행복을 누리는 삶, 모든 일이 원하는 대로 술술 풀리는 것 같았다.

남편의 마음도 다르지 않았다. 둘째 임신에 기뻐하고 태어날 아이를 상상하며 행복해했다. 아이가 작으니 고기를 많이 먹어야 한다는 말에 남편은 일주일 내내 퇴근 후 집에 오면서 통닭을 사들고 왔다. 자라나는 첫째를 보며 둘째가 태어나서 첫째와 함께 노는 모습을 상상하기도 했다. 웃음과 행복이 넘쳤다. 그러나 그 행복은 길지 않았다.

임신 4개월 말경에 정기검진을 위해 산부인과를 찾았다. 아이가 건강하게 잘 자라고 있는지 궁금하기도 하고, 기대도 되어 들뜬 기분으로 검진을 받았다. 그런데 청천벽력 같은 소리를 듣게 되었다. 아이의 머리 쪽인지 산모의 자궁 쪽인지는 알 수 없지만, 무언가 보인다며 정밀검사를 진행해야 한다는 것이다. 큰 병원에 가서 정밀 검진을 받아 보라고 했다.

심상치 않음을 직감하며 대학병원에 가서 정밀 검진을 받았다. 검진 결과는 참혹했다. 태아의 머리 후두부 쪽에 뼈가 형성되지 않아 탁구공 만하게 구멍난 부분으로 '뇌'가 흘러나와서 머리가 두 개로 보인다고 했다. 덧붙여 아기는 살 수 없다고 했다. 의사의 말이 내 귓가에는 참으로 잔혹하게 들렸다. 산모를 위해서라도 빨리 낙태 수술을 하자고 했다. 눈물이 흘렀다.

상상조차 하지 못했던 엄청난 결과 앞에 그 충격으로 주저앉았고 나의 몸과 영혼은 깊은 수렁 속으로 빠져버렸다.

재차 수술을 결정하라는 소리가 들렸다.
남편과 의논하겠노라며 병원을 나왔다.
상심할 남편을 생각하니 마음이 아팠다.
어떻게 집까지 왔는지 모른다.
사람의 눈물이 이렇게 많은 줄 처음 알았다.

담당의사는 산부인과 의사 전체 회의 결과 아이는 도저히 살 수 없고 산모도 위험할 수 있으니 낙태를 해야 한다고, 최종적으로 결론을 내리고 통보를 해왔다.

어쩔 수 없어 낙태수술 날짜를 잡고 병원에 입원했다. 환자복을 갈아입고 수술 대기 중일 때 어머님이 목사님을 모시고 심방을 오셨다. 사무엘상 1장 12-18절, '한나의 기도'라는 제목으로 예배를 드렸다. 그때만해도 성경 말씀을 잘 알지 못했는데 나는 "17절. 엘리가 대답하여 이르되 평안히 가라 이스라엘의 하나님이 네가 기도하여 구한 것을 허락하시기를 원하노라 하니 18절. 이르되 당신의 여종이 당신께 은혜 입기를 원하나이다 하고 가서 먹고 얼굴에 다시는 근심 빛이 없더라"라는 말씀에서 불안했던 마음이 평안해졌다.

수술실에서 나를 데려가려고 수술 침대가 들어오는 순간 나는 아이의 태동을 느꼈고 인위적으로 그 생명을 포기하지 않기로 결심했다. 물론 쉽지 않은 선택이었지만.

태아의 생과 사가 결정되는 순간이었다.
입원과 퇴원을 반복하며 10개월을 채웠다.
1992년 8월 4일 제왕절개로 우리 아기는 세상에 왔다.

1%의 삶도 허락받지 못한 아이

"보호자 분 빨리 오세요!"

다급한 간호사의 말에 남편은 신생아실로 달려갔다. 신생아실 앞에 구경꾼들이 모여들었다. 참으로 머리만한 '뇌'가 뇌막에 쌓인 채 밖으로 흘러나와 있었다. 남편은 아이의 몸을 살피고 손가락 발가락을 만져보고 세어봤다고 한다. 얼굴도 너무 예뻐서 천사 같았다고 했다. 의사는 며칠을 넘기기 힘들 거라고 말했다. 수술을 할 건지 말 건지 빨리 결정하라고 다그쳤다.

"수술하면 희망이 있나요?"

"의학적으로는 1%의 희망도 없습니다. 우리도 이런 경우는 본 적이 없습니다." 긴 침묵이 흘렀다.

"그럼 이 아기가 수술을 해서 살게 되면 의학이 한 일이 아니라 하나님이 하신 일이겠네요."라고 묻자 의사는 그렇다고 고개를 끄덕였다.

"그럼 우리는 기도할테니 선생님은 최선을 다해 수술해 주세요."

생후 3일 만에 핏덩이 갓난아기는 수술대 위에 올려졌다.

1%의 삶도 허락하지 않은 의료진을 아기는 과연 신뢰할 수 있었을까?

결국, 아기는 죽음을 대면하는 두려움과 공포와 고통을 홀로 견뎌야 했을 것이다.

수술 후에 의사는 말했다. "대뇌 70%, 소뇌 90% 이상을 절단하여 이제 이 아기는 보지도, 듣지도, 걷지도, 말하지도 못하며 온몸에 장애가 너무 극심해서 얼마 살 수 없습니다." 참으로 잔인하고 잔인한 통보였다.

아니나 다를까. 수술 3일 만에 인큐베이터에 있던 아기는 온몸을 부르르 떨고 전신경련과 호흡곤란을 일으켰다. 병원 측에서는 예상했던 마지막 순간이 왔다고 말했다.

고통당하는 아기의 모습을 가슴 아프게 지켜보던 시어머니는 마지막 순간이라는 말이 끝나자마자 남편과 함께 평소 다니던 산으로 달려 가셨고 그 산비탈에 서서 울부짖으셨다.

"하나님, 하나님의 뜻을 알려주세요. 하나님의 영광이 가리지 않게 해주세요.

하나님의 뜻을 바로 알고 기도할 수 있게 해주세요.

하나님, 하나님의 확실한 응답 없이는 이 여종은 내려가지 않겠습니다."

시어머니는 비탈을 구르고 또 구르고 나뭇가지를 붙잡고 오르내

리기를 반복하며 울면서 하나님께 매달렸다.

이때 계속해서 기도하라는 응답을 받고 교회로 달려가셨다. 그날 밤부터 한 주간 철야기도에 들어가셨다.

시어머니께서 간절히 기도하시다가 지쳐 강단 앞에 쓰러져있는 모습을 늦은 시간에 기도하러 나오셨던 목사님께서 보시고 전교인에게 여름휴가 반납을 선포하셨고, 온 교회가 하루 두 번에 걸쳐 백일 특별기도회에 들어갔다.

며칠 후 아기는 다시 평온을 찾았다. 하나님의 승리였다.

그러나 주기적으로 이런 일은 반복되었고 그때마다 우리 가족은 울며 기도하는 것 외에 해 줄 수 있는 것이 없었다.

차마 눈뜨고 볼 수 없는 고통과 괴로움의 시간이었지만 장하게도 아기는 한 달을 견디어 주고 있었다.

병원에서는 우유 먹이는 일 외에는 해줄 것이 없다고 하면서, 아기가 우유를 제대로 먹지 못해 점점 쇠약해져 간다고 투덜댔다.

우유 먹이는 일 외에 해 줄 것이 없다는 병원 측의 말에 우리는 퇴원을 결심했다. 그런데 막상 몸무게가 미달이라는 이유로 퇴원 할 수 없다 하여 퇴원 후에 아기에게 일어나는 어떤 상황에 대해 병원 측에게 책임을 묻지 않겠다는 각서를 쓰고 33일 만에 퇴원했다.

비비 틀어진 꽈배기 모양의 아기

　　　　　　병원비로 인해 경제적으로 어려웠던 우리는 이사를 했다. 사선을 넘나들며 고통과 싸우던 아기를 컴컴하고 습한 지하방으로 데리고 왔을 때, 나는 아기에게 너무 미안해서 마음이 찢어지는 아픔에 눈물을 쏟았다. 태어날 때 3.06kg이었던 아이가 퇴원할 때는 2.25kg로 줄어들어 있었다.

　어머니와 목욕시키려고 아기의 몸을 본 순간 너무 놀라 서로 말을 하지 못했다. 사람의 모양이 아니었다. 아기의 모습은 비참하고 가여웠다. 몸은 뼈에 가죽만 남아 비비 틀어져 꽈배기처럼 꼬여있고, 머리 모양은 찌그러진 냄비 같았다. 이 아기가 사람이고, 살아있다는 게 믿기지 않았다. 숨을 쉬고 있는 그 자체가 바로 기적이었다.

　3살 난 딸아이가 손가락으로 아기를 가리키며, "엄마, 저게 뭐야…"라고 한다. 그도 그럴 것이 아기는 사람의 모습이 아닌, 마치 개구리 같았다.

　하나님께서 시어머님에게 지혜를 주셨다.

우유를 한 방울씩이라도 먹이려 했으나 아기는 한 모금 빠는 순간 숨이 막혀버리곤 했다. 어머니는 놀라서 아기를 이리저리 흔들다 아기의 몸을 왼쪽으로 기울였을 때 숨이 터져 나오는 것을 발견했고, 그때부터 불편하고 엉거주춤한 자세로 아이에게 우유를 먹이기 시작했다.

목젖과 기도가 발달하지 못해 우유를 먹일 때 다 흘린다는 간호사의 말이 생각났다.

아기는 33일 동안 제대로 먹지 못하고 굶었던 것이다. 그때서야 하나님께서 아기를 퇴원하게 하신 뜻을 알 수 있었다.

아기를 병원에 계속 두었더라면...!

아기는 뇌를 절단한 합병증이 아닌 굶어서 죽었을 것이다.

우유 한 모금 제대로 삼키기 힘들어 배가 고파 우는데 정작 아기의 입에서는 울음소리가 나지 않았다. 눈동자는 마구 흔들려 눈을 마주할 수 없었고, 큰소리로 이름을 불러 보고 현관문을 세게 여닫아 보았지만, 소리가 들리는지 안 들리는지 아기는 아무 표정도 없었다. 의사의 말이 생각이 났다. 뇌를 모두 절단했는데 의학이 아닌 상식으로라도 어떻게 살 수 있겠느냐는 말이었다.

"살아 숨 쉬고 있는 그 자체가 기적이었다."

나는 간절히 기도했다.

"하나님, 어떤 모습이라도 좋으니 살아서 제 곁에만 있게해주세요."

나는 간절한 마음으로 하나님께 기도하며 아기에게 내가 줄 수 있는 사랑을 다해 보살펴 주었다.

　엄마의 마음을 알았을까. 아니면, 엄마의 간절함을 느꼈을까. 아기는 우유 한 방울 두 방울을 힘겹게 넘기고 있었다.

　평균 삼사십분 동안 겨우 5미리에서 30미리의 아주 작은 양을 먹으면서도 아기의 볼과 엉덩이에 조금씩 살이 붙기 시작했다. 나는 그때부터 아기의 우유 섭취량을 매일매일 1년 동안 기록했다.

　18개월 때 뇌를 잘라낸 합병증으로 뇌수종이 찾아왔고 뇌출혈을 일으켰다. 급하게 응급실을 찾은 아기는 이미 눈이 완전히 뒤집혀 흰자만 드러내며 심하게 경기를 했다.

　숨이 끊어졌다는 의사의 말에 나는 정신을 잃었고, 아기는 1분 간격으로 숨이 끊어졌다가 붙기를 반복했다. 응급 수술을 해야 했다. 중환자실에 아기를 보러갔다. 작은 몸에 어느 한 곳 만질 데 없이 의료장비가 주렁주렁 매달렸다.

　피투성이로 범벅이 된 얼굴, 머리에는 두 개의 구멍을 뚫어 호수를 꽂아 피를 뽑아내고, 링거바늘은 꽂을 데가 없는지 목에 아슬아슬하게 꽂혀있었다. 가냘픈 숨소리가 산소호흡기에 의존한 채 고통스러워 헐떡거리는 모습을 보며, 내가 그 고통을 대신해 줄 수 없다는 것이 너무나 마음아팠다.

　살아만 있어 달라고 한 것이 내 욕심인 것만 같아 아이에게 미안했다. 내 욕심으로 아기에게 고통만 안겨주는 것이 아닌가 싶었다.

　나는 중환자실이 떠나가라고 통곡하며 울었다.

그때 옆에서 조용히 기도하고 계시던 시어머니께서 하나님의 선한 뜻이 분명히 있을 거라며 믿고 기도하자고 하셨다.

나는 어머니와 함께 하나님의 선한 뜻을 좇아 기도했다. 그리고 우리는 아이에게 최선을 다하기 위해 뇌수종 전문 병원을 수소문하기 시작했다. 하지만 돌아오는 대답은 모두가 다 뇌를 잘라냈다는 이유로 거절했다. 우리는 이 일을 놓고 기도했다. 그렇게 중환자실에서의 시간은 한 달이 넘게 기약 없이 흘러가고 있었다.

어느 날 의사는 우리를 보니 답답하다며 남편을 찾았다.

"아기는 여기에 계속 있으면 위험합니다. 뇌수종의 권위자이신 ○○박사님에게 소견서를 써드리겠습니다."

하나님의 응답하심이었다.

우리 부부는 서울성모병원 외래진료를 통해 박사님을 만날 수 있었다. 모세에 관하여 처음부터 자세히 설명하고 수술을 맡아 달라고 간곡히 부탁했다. 박사님은 흔쾌히 받아주었다.

생명이 오락가락 하는 급박한 상황에서 아기를 서울병원으로 옮겨 각종 검사를 거친 뒤 급하게 수술에 들어갔다. 머리에 관을 박고 그 관에 호스를 연결하여 목을 지나 위 속으로 뇌수가 흐르도록 수술을 했다.

하나님을 찬양하지 않을 수 없다. 어린 모세를 붙잡고 있는 그 하나님을 누가 막을 수 있겠는가. 그 은혜에 어찌 눈물이 나지 않을 수 있겠는가.

나는 하염없는 감사의 눈물을 흘렸다.

모세의 기적

모세에게 또 발작이 찾아왔다. 토하기를 멈추지 않더니 결국 쓰러졌다. 또 다시 급히 서울병원의 응급실을 찾았다. 급히 검사를 하고 수술을 기다렸다.

앞에 수술 환자의 수술시간이 길어지고 있다는 이야기를 들었다. 급기야 수술대기 중이던 우리에게 내일로 연기해야 한다는 통보를 했다.

모세를 데리고 병실로 되돌아오며 조급하고 착잡한 마음에 눈물이 났다.

그러나 다음 날도 또 다음 날도 수술이 자꾸만 미뤄졌다.

나는 견딜 수 없어서 의사를 만나 따지듯 물었다.

"아이가 응급 상황인데 수술이 늦어지면 아이가 위험하잖아요?"

그런데 의사는 뜻밖의 말을 했다.

"아직은 급한 상황이 아닌 듯하니 아이의 상태를 좀 지켜봅시다."

나는 어리둥절했다. 모세가 응급실을 찾을 때만 해도 급히 검사를 하고 수술을 준비시키며 이왕 수술 하는 김에 아이 뒷머리에 뚫린 구멍을 **뼈**로 막아주자는 의논도 했던 의사였다.

모세를 돌보고 계신 어머니를 위해 서울에 있는 친정집에 가서 정성껏 밥을 지어 병실에 왔다.

그때까지만 해도 모세는 열이 떨어지지 않아 얼음주머니를 차고 사경을 헤맸었다. 그런데 멀쩡히 일어나 앉아 있는 것이다.

어머니께 어찌된 일이냐고 여쭈었더니 잠에서 깨어난 모세가 이렇게 말을 했단다.

"하나님이 고쳐 주셨어요."

(할렐루야!)

어머니는 모세의 그 말을 액면 그대로 받아들이셨고 우리는 수술하지 않고 퇴원하게 해달라고 기도했다. 그리고 수술 없이 퇴원했다.

나는 생각한다. 모세의 입을 통해서 하나님이 고쳐주심을 말씀한 것이라고.

그 후로 지금까지 모세는 병원의 도움을 받지 않고 살고 있다.

다만, 경기억제제인 약을 평생 복용해야 하며, 매년 MRI. CT를 통해 뇌의 상태를 관리하고 있다.

박사님은 MRI 사진을 펜으로 가리키며 자상하고 상세하게 설명해 주었다.

"모세의 뇌가 점점 채워지고 있습니다. 지금, 이만큼 채워졌고 정상치 뇌의 60% 이상입니다."

나는 너무 놀라서, 절단한 뇌가 다시 자랄 수도 있느냐고 물었다.
박사님은 웃으시며, 무엇으로도 설명할 수 없는 일이라고 하셨다. 하나님께서 영광을 받으시는 순간이었다.

어머니와 나는 교회 예배는 물론이고 구역 예배에도 모세를 데리고 다녔다. 아무 것도 할 수 없는 아이를 보며 내가 할 수 있는 일은 열심으로 예배생활, 기도생활 하는 것뿐이었다. 하나님께서는 그렇게 우리를 기도하게 하셨다.
혼자 앉을 수 있게 해달라고 기도했더니 앉게 하셨고,
일어서게 해달라고 기도했더니 일어섰고,
걷게 해달라고 기도했더니 걷게 하셨다.
말할 수 있게 해달라고 기도했는데 모세가 다섯살이 되던 어느

제1장 나는 지금도 모세를 통해 희망한다 43

날 말문이 열려 사도신경과 주기도문을 줄줄이 쏟아냈다.

오랜 시간 후에 깨달은 생각이지만, 모세가 앉고, 일어서고, 걷고, 말하고, 암기해서 노래를 부르던 그때에 모세의 뇌가 자랐던 것 같다. 하나님의 은혜로 일어서는 뇌가 자랐고, 걷는 뇌가 자랐고, 말하고 암기하는 뇌가 자랐고, 하나님을 찬양하는 뇌가 60%까지 자라났던 것이리라...

그때에 모세는 할머니와 종일 함께 지냈다. 할머니께서 들려주시는 성경말씀과 찬송이 모세의 놀이였다.

일곱살 때까지 제대로 보지 못하고 소리에만 민감한 반응을 보이는 아이를 시어머니께서 또래 아이들 소리라도 듣게 해주겠다며 교회 어린이집을 데리고 다니셨다.

모세는 연말 재롱잔치에서 성경암송과 찬양을 불렀다.

많은 사람들이 감동의 큰 박수로 응원해주었다.

암송대회에서 뛰어난 암기력으로 요한복음 15장 1-17절 말씀을 암송하고, 찬양까지 불러 많은 사람을 놀라게 하였고, 우리 가족을 기쁘게 해주었으며, 살아계신 하나님께 영광을 돌렸다.

모세는 찬양할 때 그 어느 때보다 행복해 했다. 모세의 찬양이 끝난 후면 많은 분들이 이야기 해주었다.

'깊은 울림이 있다... 감동스럽다... 목소리가 어쩜 저리도 맑으냐... 옥구슬 굴러가는 소리같다...'

많은 사람들의 반응을 보면서, 모세가 할 수 있는 일이 노래라는 것을 알게 되었고, 이때부터 우리 부부는 모세에게 여러 번 노래를 들려주고 그 노래를 따라 부르도록 시켰다.

모세는 듣는 대로 가사를 암기하고, 음정, 박자 하나 틀리지 않고 따라했다.

이윽고 모세는 하나님을 찬양함이 자기의 삶이라는 고백을 하게 되었다. 그 후로 어린 모세는 여러 교회의 초청으로 간증을 다니며 많은 사랑을 받았다.

지금까지도 모세를 위한 중보기도는 계속되고 있다. 그래서 모세는 기도를 먹고 사는 아이라는 별명을 갖게 되었다.

많은 분들이 모세를 칭찬할 때면, 모세의 대답은 늘 한 가지이다.

"하나님의 은혜예요."

그래서 "하나님의 은혜예요."가 우리 교회 유행어가 됐었다.

모세에게 배운다

나는 모세를 통해서 배우는 것이 많다. 기다림도 그 중의 하나이다. 모세가 태어났을 때 정말로 천사같았다. 모세를 본 많은 사람들은 이렇게 예쁜 아기는 처음 본다며 극찬이 끊이지 않았다. 나도 그 예쁜 얼굴이 보고 싶어서 몰래 몰래 신생아실 커튼 사이로 훔쳐보곤 했다. 하지만 아이는 아팠다. 그것도 많이 아팠다. 아픈 모세가 조금씩 좋아지는 과정 중에 나는 많은 것을 배우게 되었다.

우유 먹이는 일 외에는 해 줄 게 없다는 의료진의 말에 그렇다면 우유는 내가 먹이겠으니 아이를 달라고 했다. 병원에서는 2.5kg이 되어야 퇴원시키는데 지금은 2.25kg이어서 퇴원할 수 없다고 했다. 우리는 오히려 태어날 때 3.06kg이었던 아이가 2.25kg이 된 것을 항의하고 싶은 마음이었지만 퇴원 후에 어떤 책임도 병원 측에 묻지 않겠다는 각서를 쓰고 33일 만에 모세를 퇴원시켜 집으로 데려왔다. 담당 의사는 퇴원했다가 혹시 합병증이 올 위험성이 있다며 3일

정도 지나서 다시 입원할 것을 권유했었다.

　내 품에 안겨있는 불쌍한 아이는 사람의 모습이 아니었다. 몸은 너무 말라 뼈에 가죽만이 비비 틀어져 꽈배기 모양을 하고 있고, 머리는 찌그러진 냄비 같고, 이마는 푹 꺼져서 울퉁불퉁 튀어나오고, 어느 곳은 구멍이 송송 뚫린 것처럼 패여 있어 정말 눈 뜨고 볼 수 없는 참혹한 몰골이었다. 이 아이가 사람이고 숨을 쉬고 있다는 것 자체가 놀라웠다.
　모세는 목젖과 기도가 제대로 발달하지 못했으나 희망적인 것은 젖병을 물리면 간신히 한 모금을 빤다는 것이다.
　노심초사 마음을 졸이며 모세에게 처음 우유를 먹이던 날을 기억한다.
　젖병을 빨다가 사래가 들려서 가쁘게 숨을 몰아쉬더니 갑자기 숨이 멈추어버렸다. 그 순간 하늘이 무너지는 것 같았다. 다행히 함께 있던 시어머님이 아이를 거꾸로 들고 이리 저리 흔들다 숨이 트였다. 그 이후 나는 젖병을 물리고 모세가 한 번씩 빨 때마다 트림을 시켰다. 그렇게 기본 한 시간은 넘어야 수유가 끝이 났다. 모세에게는 밥을 먹는 과정조차 생을 위한 싸움이었다.
　그때부터 하루 24시간 우유 먹이는 일에만 집중하고 그날그날 먹는 양을 기록했다. 모세는 다른 아이들의 한번 먹는 양을 하루종일 먹여야 했다. 그렇게 적은 양을 먹으면서도 아기는 살이 붙기 시작했다. 그리고 엉덩이에 조그마한 3자가 그려지더니 조금씩 살이 붙

으면서 엉덩이 모양이 생겨났다. 찌그러진 머리도 조금씩 펴지고 있었다.

에스겔 골짜기에 있던 뼈들에게 힘줄이 생기고 가죽이 덥히며 살이 붙기 시작할 때 이런 모습이었을까? 무슨 장애가 있는지 왜 아픈지도 모른 채 아기는 치열하게 생과 싸웠다. 아기로서는 부당한 일이다. 아기의 선택도 아니다. 이제 막 세상에 태어난 아기가 감당하기엔 너무나 힘들고 고통스러운 시간이라 여겨졌다.

3개월이 될 때까지 아이는 처음 집에 올 때와 비교해서 크게 달라진 게 없었다. 젖병 한번 빠는 데도 숨이 가빴다. 먹는 양이라고는 고작해야 힘겹게 빨아대는 몇 모금뿐이니 그럴 수밖에 없었다.

어머니는 소 양이 몸에 좋다는 것을 아시고, 새벽기도를 마치시고 미리 주문해 놓은 소 양을 가지고 오셔서 깨끗이 씻어 푹 끓여놓으시며 그 우려낸 국물에다 분유를 타서 먹이라 하셨다. 놀랍게도 그날 이후 아기의 몸에 살이 붙기 시작했다. 아기 볼에 살이 오르는 것을 보면서 너무 기쁘고 감사했다.

그때부터 나는 저울에 바구니를 올려놓고 그 속에 아이를 올려 몸무게를 달기 시작했다. 조금씩 늘어가는 저울을 볼 때마다 그 행복감은 무엇으로도 설명할 수가 없다.

모세의 지능은 멈췄지만 몸은 자랐고 시간은 흐르고 있었다.

기적적으로 살아는 있지만 모세는 계속해서 길고 긴 싸움을 해야 했고 이 생활에 적응해야만 했다.

아이는 눈을 뜨고 있지만 아무 의식 없이 공허한 눈빛으로 있다. 듣기는 하는 건지... 생각은 하는 건지... 어느 날은 그런 아이의 모습을 보면서 혹시나 하여 현관문을 발로 뻥뻥 차보기도 하고 방문을 세게 열고 닫기도 해보았으나 아기는 아무런 반응도 보이질 않았다. 혹시 자기 이름을 듣고 대답하지는 않을까 싶어 크게 불러보았다.

"모세야! 모세야!"

아무 미동도 없는 모세. 아무리 자극을 주어도 반응 없는 아이를 보면서 돌이켜 생각했다. 그리고 나는 생각하고 또 생각했다.

90%의 뇌를 잘라낸 아이가 살아있다는 것은 무슨 뜻일까!

하나님의 섭리를 내가 어찌 알겠는가!

살아있는 것만으로도 감사할 일인데 내가 욕심을 내고 있는 것이 아닌가!

그냥, 살아서 내 곁에만 있게 해달라고 하나님께 간구했다.

"하나님, 하나님께서 1%의 확률도 아닌 0%의 수술 속에서 모세를 건져주셨습니다. 5살이 되는 지금까지도 하나님께서 모세의 건강을 붙드시고 지켜주셨습니다. 더 이상 아픔에 고통 받지 않게 해주시고 아이가 앞으로도 이렇게 자라날 수 있도록 도와주세요. 아이의 몸이 자라나게 하시고 생각이 자라날 수 있도록 해주세요. 아이의 모습을 보고 하나님의 영광이 드러날 수 있도록 역사해주세요."

시어머님의 기도

　　　　　　나는 불교 가정에서 태어나 자연스레 불교인이었다. 나의 친정어머니는 절에 내 이름을 올리고 불공을 드렸다.

　남편이 크리스천인 것을 알고 교제했지만 결혼을 결심했을 때, 남편에게 교회 다니는 것을 강요하지는 말아달라고 부탁했었다. 시어머니를 처음 만났을 때 시어머니께서는 남편에게 '생명을 다하여 사랑하여라.'라고 하셨다. 결혼 후 나에게는 단 한 가지만 부탁하시며 내가 그 한 가지만을 꼭 지켜주길 바라셨다. 어머니의 부탁은 바로 내가 주님을 영접하는 것이었다. 나에게 효도하는 것은 예수님 잘 믿는 그것이 최고의 효도라고 하셨다.

　어머니의 지고지순한 신앙뿐 아니라 인간적으로 따뜻하고 온유한 성품이 존경스럽기도 하고 마냥 좋기만 했다.

　결혼 후 나는 어머니를 기쁘게 해드리고 싶은 마음에 열심히 교회에 다닌 것 같다. 공예배는 물론 철야기도, 각종 기관모임에도 참석했다.

처음에는 좋은 시어머님께 잘 보이고 싶고, 예쁨 받고 싶은 마음으로 교회에 출석했지만 조금씩 말씀이 들리고 믿음이 생겨나기 시작했다. 그렇게 차근차근 어머니는 내 신앙의 멘토가 되어가셨다.

의료진으로부터 모세에게 마지막 순간이 왔다는 말을 듣던 날, 시어머니는 그길로 산에 오르셨다. 산 아래로 몸을 굴렸다. 나뭇가지가 찔러댄 상처도 느끼지 못했다. 가시관 쓰신 예수님의 고통을 자신에게도 겪게 하되 제발 우리 모세의 생명만은 연장해달라는 절규에 가까운 기도를 했다.

의사의 소견은 절망적이었지만 우리 가족은 포기하지 않았다. 그 무렵 여름휴가철이었고 담임목사님은 전교인에게 휴가를 반납하고 특별 기도회에 참여하라고 독려했다.

모세를 위한 중보기도가 시작되었다. 나의 신앙심도 날이 갈수록 더욱 단단해졌다.

이 무렵 시어머니는 아예 거처를 교회로 옮기셨다.

"사람들은 남의 일은 삼일이면 잊어버린다."며 목사님께 청하여 아예 교회 교육관으로 이사를 하셨다.

매일 주야로 모세를 위해 기도하셨다.

"하나님께서는 능치 못하심이 없는 분이십니다. 모세가 세상 빛을 보게 하셨을 때부터 우리 가족은 소망을 잃지 않았습니다. 생명은 하나님의 주권 안에 있는 줄 믿습니다."

어머니는 중보기도의 위력을 믿었다. 전교인들이 나서서 힘이 되어주고 지팡이가 되어주니 어머니는 기도의 힘이 더 솟는 듯했다.

용기를 내어 기도했고 어머니 안에 기쁨의 샘이 솟았다.

전교우들이 '네 이웃을 네 몸과 같이 사랑하라' 는 말에 힘입어 우리 모세를 육신의 가족처럼 받아들였고 기도했다.

나는 고통의 순간에 중보자의 위로와 하나님을 간절히 찾는 자에게 만나주시고 다가오신다는 것을 깨닫게 되었다.

어머니께서는 "내 얼굴을 한번이라도 더 보면 나를 보고 모세를 위해 기도하는 사람들이 많아진다."고 하시며 중보기도의 위력을 강조하셨다. 믿음을 가지고 기도하는 어머니의 모습을 보면서 나 또한 매일매일 모세의 상황을 일지로 기록했고 그날그날 하나님 앞에 매달렸다.

기적은 그냥 일어나는 일이 아니라고 생각한다. 거기에는 사랑과 불쌍히 여김과 간절함과 희생이 있어야 나타나는 현상이라고 생각한다. 돌이켜 보면 거기에는 어머님이 계셨다. 죽을 수밖에 없는 손자를 불쌍히 여기고 하나님께 간절히 매달렸다.

편안함을 버리고 교회 교육관의 불편함을 택했다. 그리고 25년을 한결같이 주야로 모세를 위해 기도하셨다. 그런 누군가의 희생이 있기에 기적은 일어나고 또 지속되고 있는 것이다.

예수님이 우리를 너무도 사랑하시고 불쌍히 여기셔서 십자가의 희생을 치루셨다. 그 희생으로 인해서 우리가 구원받는 기적이 일어났다.

모세를 하나님께 의탁하고 이날까지 지켜올 수 있었던 것은 어머니의 사랑과 믿음의 기도가 있었기 때문이다. 나에게도 믿음을 물려

주신 어머니에 대한 사랑과 감사는 다 갚을 수 없는 큰 은혜이다.

'1994년 3월 24일 밤 10시 30분 서울강남성모병원.
MRI 촬영을 하기 위해 띄엄띄엄 빨간 비상등이 희미하게 비춰주는 좁은 복도를 몇 구비나 지나가는 내 심정은 착잡했다. 그도 몇 시간 전부터 MRI 촬영을 위해 모세에게 수면제를 먹이고 오랜 시간 기다리다 시간이 길어지자 다시 먹이고, 정신없이 잠에 취한 어린 것을 유모차에 싣고 나의 스웨터를 그의 작은 가슴에 덮어가지고 촬영실을 향해 가는 나의 마음은 외로웠고 슬펐다. 드디어 어린 모세는 잠이 든 채 MRI 침대 위에 실렸고, 침대는 모세를 굴 깊숙이 밀어 넣었다. 그 웅장한 기계 앞에서 모세의 연약한 모습을 홀로 바라보니 말로 표현할 수 없을 만큼 가엽고 비통했다. 내 마음은 모세를 그 기계 속에서 끌어내고 싶은 심정이었다. 눈물이 앞을 가리운 그 순간 모세가 실려 있는 그 침대 위에 주님이 함께 누워 계심을 보았다.
"오! 주님 여기에도 계셨군요. 주님 감사합니다. 사랑합니다."

– 시어머니의 일기 중에서 –

예수님의 사랑을 생활 속에서 몸소 실천하셨던 어머님은 25년이란 세월을 교회에서 모세를 위해 기도하셨다. 올해 어머님의 연세는 94세가 되셨다.

모세가 내 손주라 좋습니다

아픈 아이이지만
그래도 내 손주인 걸요
아픈 것이 먼저가 아니라
내 손주인 것이 먼저입니다
잘 먹게 해주세요
잘 자게 해주세요
잘 숨 쉬게 해주세요
다른 아이 같지 않아도 괜찮습니다
모세는 모세 같으면 됩니다
하나님 뜻이 있으셔서
이 땅에 주셨으니
그 뜻 이루어지길 원합니다
모세가 내 손주라 좋습니다
하나님이 주신 선물입니다
돌보아야 한다고들 하지만 걱정하지 않습니다

감당하기 어려운 짐일 수 있다고들 하지만
걱정하지 않습니다
왜냐하면 하나님이 주신 생명이니까요
그리고 내 손주이니까요
할머니는 모세를 사랑합니다
할머니는 모세를 위한 기도를 쉬지 않습니다
할머니는 가능한 그 순간까지 모세와 함께할 겁니다
하나님, 이 여종의 기도소리를 들어주소서
할머니인 저는
손주인 모세에게
늘 기도해 주는 사랑이고 싶습니다
예수님의 이름으로 기도드립니다
아멘.

- 할머니의 기도 -

사도신경과 주기도문을 외우는 모세

모세는 태어난 지 3일째 되던 날 뇌의 90%를 절제하고 그 나머지 10%의 뇌로 살아가고 있다.

보지도 듣지도 울음소리도 내지 못하고 우유 한 모금조차 삼키지 못했던 아이가 5살 때 말문이 트이면서 처음으로 쏟아낸 말이 사도신경과 주기도문이었다.

4살 무렵에 '엄.....마' 라고 어눌하지만 말을 조금 하긴 했었다.

기대와 희망에 부풀어 모세를 언어치료실로 데리고 갔다. 언어치료는 그림으로 하는데 모세는 그림을 보는 것도 되지 않았다. 한 달 후에 다시 가기로 했다. 시간이 오래 걸리더라도 지치지 말자고 마음을 다잡았었다. 그런데 한 달 안에 아이가 단어를 연결한 것이다. 기적적인 선물 같았다.

'엄마' '아빠'...

구역 예배를 드리던 어느 날이었다. 눈을 감고 사도신경을 하는데 "전능하사..." 모세가 이 말을 따라하고 있었다. 우리가 하는 것을 아이가 외우고 있었던 것이다. 외울 수 있다는 건 상상도 할 수 없었는데 아이 스스로 우리가 평소에 암송하는 소리를 듣고 따라 외운 것이다. 혹시 주기도문도 외울 수 있을까 하는 생각에 "하늘에 계신 우리 아버지..."라고 했더니, 곧바로 이어서 주기도문을 암송했다.

아픈 아이를 위해 내가 할 수 있는 일은 기도생활 예배생활 뿐 이었다. 그때 듣지 못한다고 했던 아이의 한쪽 귀를 열어주셨고 암기할 수 있는 재능까지 주셨다. 아기는 그 모든 소리를 듣고 외우고 있었다.

말문이 트였을 때 자기의 신앙을 고백이라도 하듯이 사도신경과 주기도문을 줄줄이 쏟아내서 함께 예배드린 모든 사람을 놀라게 했고, 살아계신 하나님께 영광을 드렸다. 이때부터 아이는 각종 모든 소리를 다 따라 하기 시작했다.

모세 앞에서 재채기를 하면 모세도 에~~치 하며 그 소리까지 따라했다. 아이의 반응에 우리도 더욱 반응하여 더 많은 소리를 들려주고 발음할 수 있도록 도왔다. 이렇게 모세도 정상적인 아이들처럼 듣고 말할 수 있을 것이란 기대도 점점 커져갔다.

한 가지 정말 신기한 것은 나쁜 소리는 따라하지 않는다는 것이다. 나는 저 소리는 나쁜 소리라고 알려준 적이 없는데 아이 스스로 "저 소리 나쁜 소리"라고 말을 했다. 말의 의미를 스스로 듣고 판단한 것이다.

모세의 말문이 트일 당시 더 빨리, 더 많이 말문이 트일 수 있도록 하기 위해 '생활 영어'를 들려주기도 했다. 시어머니께서는 새벽 기도에 다녀오신 후에 모세에게 늘 성경말씀 읽는 소리를 들려주셨다. 모세는 일반적인 말문만 트인 것이 아니라 집과 교회에서 들었던 찬송가도 다 외우기 시작했다.

뇌의 10%만을 가지고 산다는 것은 많은 영역에서 어려움이 따른다는 의미다. 정상적인 아이들은 발달단계에 따라 자연스럽게 뒤집기를 하고, 기어 다니고, 걸어 다니고, 곧이어 뛸 수도 있게 된다. 하지만 모세에게는 이 모든 과정들이 당연하지 않았다. 이제 또래 아이들은 스스로 걸을 수 있는 나이가 되었지만 모세는 여전히 혼자 걷지 못하고 왼손은 땅을 짚고 엉덩이로 밀고 다녔다. 스스로 걸어 다닐 수 있도록 하기 위해 벽에 봉을 만들어서 아이가 두 손으로 봉을 잡고 다리를 뗄 수 있도록 만들어주었다. 이렇게 하면 아무래도 다리에 힘이 들어가지 않을까 싶은 생각에서였다. 처음에는 봉을 잡고 일어서 있는 연습을 하고 어느 정도 익숙해진 후엔 봉을 잡지 않은 상태에서 서있을 수 있도록 했다.

모세에게 봉에서 손을 떼고 혼자 서보라고 독려했다. 망설이던 아이가 조심스럽게 봉에서 손을 떼고 혼자 서있더니 이내 다시 봉을 잡았다. 반복적으로 훈련을 시켜주었다. 아이가 점점 걷는 활동에 익숙해지는 것이 눈에 보였다. 봉을 잡고 띄엄띄엄 걷기도 하고, 걷다가 서기도 하더니, 어느 날은 봉을 잡지 않은 상태에서 서있기도 하고 뒤뚱거리며 걷기도 하는 것이다.

　소뇌는 몸의 운동을 관장하는 뇌라고, 모세를 수술했던 담당의사는 말했었다. 때문에 소뇌의 90%를 절단한 아기로서는 보지도 못하며, 듣지도 말하지도 못하며, 온몸의 장애가 너무 극심해서 차마 말로 다 할 수 없고 아무것도 할 수 없다고 했다.

　그런데 누워만 있던 모세가 일어나 앉았다. 그리고 일어섰다. 그리고 걷기 시작했다.

　의사가 잘 못 알고 있었던 것일까! 아니다! 결코 그렇지 않다.

　세상 누구도 설명할 수 없는 일이 일어난 것이다. 보이지 않는 하나님의 손이 모세를 일으켜 세우셨다.

　"내가 새 힘을 주리니 일어나 걸으라고 하신다. 내가 너를 도우리니 일어나 걸으라"고 하신다.

  7살 때는 힘찬 목소리로 노래를 부르는 믿기 어려운 기적을 보여주었다. 기적은 이게 끝이 아니었다. 10%에 불과하던 그의 뇌가 조금씩 자라고 있었다. 모세는 기적처럼 살아났고, 성장했고, 상태가 호전되었다. 이미 뱃속에 있을 때부터 시한부 판정을 받은 아이였다. 부디 살아만 달라고 기도했던 모세가 이렇게 입을 열어 말도 하고 노래도 부를 수 있게 된 것이다.

  박모세는 중복장애 1급으로, 지적연령 3세인 지적장애에다 지체장애, 시각장애를 가지고 있으며, 한쪽 눈은 보이지 않고 그나마 시력이 남아있는 다른 한 쪽도 부분적으로만 보인다. 귀도 한쪽만 들린다.

  얼마든지 불평과 좌절로 무너질 수 있는 모세지만 모세는 자신의 어려움에 대해 불평하기보다 자신이 가지고 있는 어려움들에 대해 하나님을 의지하고 자신이 가진 것들로 인해 하나님께 감사하며 자신의 어려움이 하나님께 영광 돌릴 수 있는 통로로 사용되길 기도한다. 모세는 늘 "많은 사람들에게 희망과 용기를 주며 믿지 않는 사람들에게 살아계신 하나님을 전하고 싶다."고 고백한다.

  사람들은 열 개 중에 아홉 개를 가지고 있으면서도 내게 없는 한 가지의 목마름에 갈망하지만 모세의 고백을 통해 내게 있는 한 가지에 감사함으로 하나님이 주시는 참 기쁨의 삶을 모든 사람이 누리길 바란다.

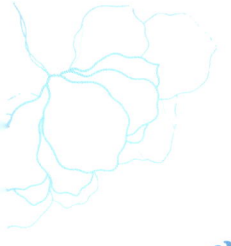

네 번의 뇌 수술, 두 번의 다리 수술

　　　　　　　모세는 혈관이 잘 보이지 않아서 피를 뽑을 때마다 애를 먹었다. 여기 찌르고 저기 찌르고 할 때마다 고통을 받는다. 간호사는 미안해서 어찌 할 줄을 모른다.

"모세야, 미안해. 누나가 밉지…"

모세는 울면서도 이렇게 답한다.

"아니요. 누나는 이쁘고 주사바늘은 미워요."

간호사는 글썽이는 눈으로 모세를 안아주며, "모세는 천사야…"라고 말한다.

그런 말이 어디에서 나오는지 모르겠다.

모세는 간호사들과 환자들에도 인기가 많았고, 많은 사랑을 받았다.

아이는 감사하게도 네 번의 뇌 수술과 두 번의 다리 수술, 이 여섯 번의 수술을 잘 견디어 주었고, 아름다운 성품으로 성장해 갔다.

수원에서부터 서울까지 일상생활과 병원생활을 병행하는 일이 쉽지 않았다.

　병원생활 동안 시어머니와 함께 아이를 돌봤다.

　잠 잘 곳이 마땅치 않은 병동생활에 늘 피곤에 찌들어 지쳐있는 나에게 시어머니는 집안일도 보고 잠도 푹 자고 오라며 배려를 해주셨다.

　하루는 나에게 피곤할텐데 사우나에 다녀오라고 하셨다.

　나는 사우나에 다녀와서야 어머니의 배려에 너무 감사하여 눈물을 쏟았다.

　그날이 바로 모세의 링거를 다시 꽂아야 하는 날이었다.

　혈관이 잘 보이지 않는 모세에게 링거를 다시 꽂아야 할 때는 간호사가 혈관을 찾지 못해 주사 바늘을 여러번 찌르게 된다. 이때 아이의 울음소리는 나의 애간장을 다 녹이는 것 같았다. 견딜 수 없을 만큼의 아픔의 시간이었었다.

　그 고통을 어머니 혼자 감당하시려 했던 깊은 사랑이었다.

　젊은 나도 힘이 드는데 연로하신 어머님은 도대체 어디에서 그런 힘이 나오시는 걸까. 나의 시어머니는 예수님의 사랑을 생활 속에서 몸소 실천하고 계셨던 것이다.

　남편은 출근하면서 첫째 딸을 큰집에다 맡기고 퇴근할 때 데리고 왔다. 몇 년째 아픈 동생으로 인해 딸아이는 큰집으로, 이모네로 맡겨졌다. 그때마다 딸이 너무나 가엾고 안쓰럽고 불쌍했다.

　그러는 동안 재정적 어려움을 많이 겪을 수밖에 없었다. 하지만 그때마다 하나님의 방법으로 채워주셨다.

　수년간의 병원생활을 끝내고 집으로 돌아 올 때에 다시는 아프지 않게 해달라고 기도했다.

세상을 무대 삼아 노래로 희망을 전할래요

모세가 10살 때 전국 장애인 부모대회가 잠실운동장에서 열렸다. '마더 오브 마인(Mother of Mine)'으로 모세가 처음 무대에 섰다. 이 모습을 본 여자프로농구 한국연맹총재 김원길님께서 여자프로농구 개막식에서 애국가를 불러달라고 요청하여 장충체육관에서 생방송으로 생애 첫 애국가를 부르게 되었다.

애국가가 끝난 후에 김원길 총재님께서는 모세에게 달려오셔서 참으로 감동적인 애국가였다고 칭찬하셨다. 모세를 안고 손을 잡아주시며 당신이 차고 계시던 손목시계를 풀어서 모세에게 주셨다.

그 후로, 점차 모세를 찾는 교회나 행사가 끊겼고 그렇게 몇 년이 흘러가고 있었다. 그럴 즈음, 모세에게 변성기가 찾아왔다. 꾀꼬리 같던 목소리는 남자의 굵고 낮은 소리로 변했고 노래할 때는 낮은 쇳소리까지 섞여서 소리가 잘 나오지 않았다. 게다가 예쁜 얼굴은 생김새가 우락부락 이상하게 변해갔다.

더 이상 모세가 예전처럼 노래를 부를 수 없을 것 같은 걱정이 앞섰다.

그렇게 시간은 흘렀고 모세는 학교생활에만 집중했다. 마치 그 세월에는 과거 모세를 통해 크신 은혜와 능력으로 하나님의 일을 행하신 그 하나님이 안 계신 듯했다.

초등 6년, 중등 3년, 고등 3년, 그냥, 그렇게 우리에게 주어진 삶을 살아내는 것만으로도 정신없고 벅찼다.

그러면서도 모세는 수원시 장애인합창단원으로 활동하며 틈틈이 각종 가요제도 참가하며 노래 부르는 것을 쉬지 않으려고 노력했다.

대학 입시를 앞둔 고3 장애인이 비장애인과 같지는 않다. 이때부터 고3 장애인을 둔 부모들은 또 한 번의 전환점을 맞는다.

아이의 진로를 어떻게 해야 할 것인가... 부모들의 고민은 깊어진다. 여기까지 온 고민과는 또 다른 고민이다. 사실, 대학진학을 꿈꾸는 부모는 그리 많지 않다. 우리 모세도 그러했다. 지금부터 부모들의 치열한 전쟁은 시작된다.

아이를 집안에 방치할 것인가, 아니면 어디라도 찾아야 할 것인가.

우선이라고 할 것도 없다. 차선책이 없으니 말이다.

그곳은 바로 시에서 운영하는 장애인 복지관이다.

그러나 그곳에 들어가는 건 하늘의 별 따기처럼 어려워 보일 수도 있다.

복지관에 들어가야 할 아이들은 많은데 비해 실상 복지관에서 받는 아이들의 숫자는 턱 없이 적기 때문이다.

이 이야기를 하자면, 초, 중, 고, 장애인 재활학교 역시 마찬가지이다.
접수를 해놓고도, 몇 년을 기다려야 할지도 모른다.
내가 거주하는 시가 아닌, 다른 시의 복지관을 찾아다녀도 쉽지 않을 것이다.
내가 아는 지인은, 사립 복지관에 적지 않은 돈을 내면서 보내고 있다.
아무것도 할 수 없는 다 큰 아이가, 기약도 없이 하루종일 집안에 갇혀있는 모습을 상상해 보자!
아이나 가족에게는 또 다른 고통이다.
이 시점에, 우리 가족과 모세가 서 있었다.
도우시는 하나님.
살면서, '하나님의 때' 라는 단어를 참 많이 들었던 것 같다.
마치, 이때를 기다렸다는 듯이 하나님의 따스한 숨결이 우리를 감싸는 것을 느꼈다.

선생님으로부터, (사)사랑나눔 위 캔(We Can)(이사장 나경원)에서 2박3일간 경기도 용인 송담대학 캠퍼스에서 장애청소년과 비장애청소년이 1대 1 매칭이 되어, 함께 하는 '썸머 뮤직캠프'를 실시한

다는 소식과 함께 모세도 오디션에 지원해보라는 권유를 받았다.

비장애 또래 청소년을 만날 수 있는데다, 뮤직 캠프라는 사실에 오디션에 지원하게 되었고 무사히 오디션에 합격하게 되었다.

캠프의 규정에 따라 모세는 2박 3일간 합숙에 들어갔다. 서울대학교 성악교수이신 서혜연 교수님이 모세의 멘토가 되어 지도해주셨다. 문제는 보호자를 동반하지 않고 모세 혼자, 처음 만나는 사람들과 지내게 된 것이다. 나는 몇 가지 지침을 적어서 자원봉사자에게 전달했다. 아이를 혼자 보내면서 마음 한편에 걱정이 가득했다.

사실 모세는, 겉으로 보이는 것 이상으로 장애가 깊다. 머리 감는 것, 대변 후에 뒤처리까지, 스스로 하는 게 거의 없는 아이다. 항상 엄마와 다른 가족들의 도움을 받아 생활하던 아이가 다른 사람들 틈에서 잘 지낼 수 있을까 걱정하며 모세가 집에 오는 날을 기다렸다.

캠프 이틀째 되는 날, 봉사자에게서 연락이 왔다. 머리를 감겨줬는데 갑자기 코가 막혀서 겁이 났던 모양이다. 신변처리도 스스로 해결할 수 없는 아이를 보호자 없이 봉사자에게 맡긴 것이 무리였을 수도 있다. 캠프 마지막 날, 이틀 동안 연습한 발표 연주회에서, 모세는 '오 솔레미오'를 불렀다. 그 자리에 있던 나경원 위원장님은 모세의 노랫소리에 소름이 돋을 정도로 감동을 받았다고 했다. 모세가 말할 때는 어린아이와 같은데 비해 노래할 때 그 울림에 놀라셨던 것 같다.

한국스페셜하계대회 개막식 때, 애국가를 불러달라는 뜻밖의 제안이 들어왔다. 갑작스럽고 당황스러웠지만 얼마나 감사한 일인가. 당연히 가겠다고 수락한 뒤, 캠프를 마치고 다음 날 경산으로 달려갔다.

2012 한국스페셜하계대회에서 애국가를 부르는 모세

그리고 2012 한국스페셜하계대회 경산 개막식에서 애국가를 불러 관중의 뜨거운 박수를 받았다.

모세는 사람 앞에서는 늘 부족한 모습이었지만, 하나님 앞에서는 합당했고, 주어진 자신의 삶을 성실히 살았다. 더욱 놀랍고 감사한 것은 그 결과 아름다운 성대를 선물로 받아 노래를 하는 것이다.

모세는 생명을 연장하는 대가로 지적, 지체, 시각장애를 가져 할 수 있는 일은 거의 없지만 하나님께서 모세에게 그가 노래하기 적당한 음성을 주셨고 모세는 그 음성으로 감사하는 노래를 불렀다.

나는 기도하며 소망한다. 모세가 누군가에게 희망을 노래할 수 있기를...

모세는 말했다.

"엄마, 노래할 때가 가장 행복해요. 세상을 무대 삼아 노래로 희망을 전할래요."

그 소망은 현실이 되어가고 있었다.

2013년도 1월 29일, 평창동계스페셜올림픽 세계대회.

106여 개국의 선수들과 4천 2백여 명의 관중이 보는 가운데, 전 세계로 생방송 되고 있는 평창용평돔에서 모세가 부르는 우리의 자랑스러운 애국가가 울려퍼졌다.

"동해물과 백두산이 마르고 닳도록 하느님이 보우하사 우리나라 만세."

모세의 연약함이 누군가에게는 희망이 되고 있다. 그때 모세를 포기하지 않게 하셨던 그 하나님, 지금까지 모세를 붙드시고 역사하시며 약한 모세를 통하여 우리에게 말씀하시는 하나님, 그 하나님께 감사드린다.

얼마 전에는 태평양을 건너 미국과 캐나다를 방문하여 희망을 노래하였다. 사랑스런 내 아이는, 그 어느 별보다 더욱더 반짝반짝 빛났다.

'너의 장애가 슬프지 않도록 이 엄마가 끝까지 함께 할께...'

아이는 오늘도 누군가에게 희망을 노래하며 빛나고 있다.

하나님께서는 의학적으로는 보지도, 듣지도, 말하지도, 걷지도 못하며, 온몸에 장애가 너무 극심해서 얼마 살 수 없다던 의료진의 말을 모두 뒤집고 모세가 보고, 듣고, 말하며 모세의 잘린 뇌를 다시 자라게 하시어 음악의 음과 박자 가사를 기억하며 노래하게 하셨다. 사람의 힘으로 아무것도 할 수 없을 때 하나님은 은혜를 베푸셨다.

어찌 그 하나님을 찬양하지 않을 수 있겠는가!

너무도 놀랐습니다

기다리던 생명을 주신 하나님 감사했습니다.
꿈인 줄 알았습니다.
우리 부부는 생명을 간구했고
하나님은 그 생명을 허락하셨습니다.
세상의 그 어떤 표현으로도 다 할 수 없는 감사함이었습니다.
그런데 아기가 이상합니다.
너무도 놀랐습니다.
살 수는 있는건지
자랄 수는 있는건지
생명은 소망인데 그 소망에 의심이 듭니다.
너무도 부족한 아이의 모습에
그저 눈물과 아픔만이 남습니다.
울어도 또 흐르는 눈물에
나의 빛은 언제나 밤입니다.
누구나가 겪는 그런 아픔이 아닙니다.
바닷물이 말라도
있을 확률이 그닥 높지 않은 아픔입니다.
받아들이자니 너무 아프고
밀쳐내자니 또 아픕니다.
하나님 하나님

그저 외쳐 부르기만 합니다.
사람의 그 어떤 것도 위로가 되지 않는 그 상황에
나는 그저 하나님 아버지만을 찾습니다.
너무도 놀랐습니다.
하나님, 어떻게 하여야 하는지요.
나의 기도에 하나님의 음성을 주소서.
나의 기도에 나를 안아주소서.
나의 기도에 하나님의 뜻하심을 알려주소서.
그리고 나는 결심합니다.
하니님이 주신 이 생명을 품기로.
왜냐하면 생명 앞에 이유는 없으니까.
하나님 내게 주신 이 생명을 보호해 주세요.
그리고 하나님 인도하소서.
나는 하나님만을 믿습니다.
예수님의 이름으로 기도드립니다.

– 아멘 –

제2장 매일 꿈 꿀 수 있게 해주는 모세

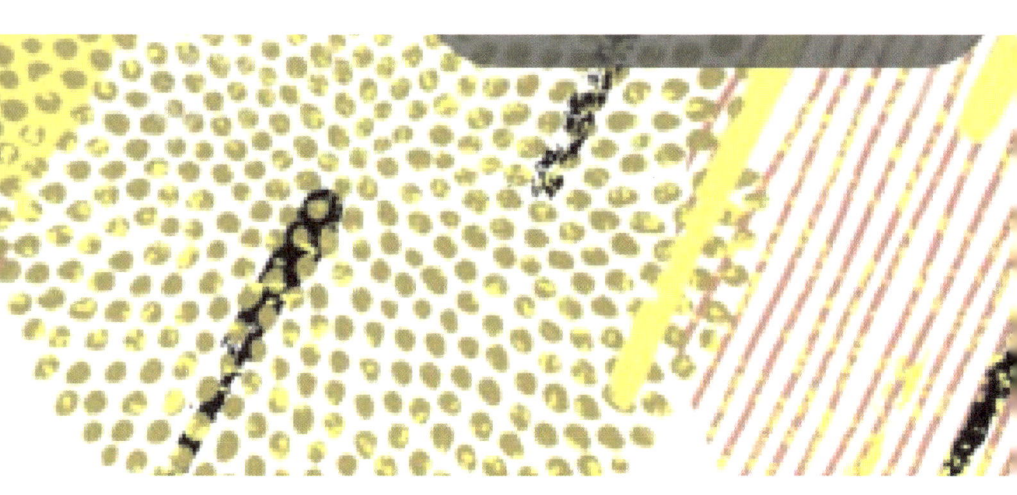

붙들린 아이

　　　　　모세가 태어난 이후부터 지금까지 어떻게 시간이 흘렀는지 모른다.

　신혼의 달콤함도 잊었고 젊음의 싱그러움도 느껴보지 못한 채 지금의 나이든 사람이 되었다.

　나는 나대로 모세와의 병원생활에 바빴고 남편은 남편대로 종일 직장에서 일하고 딸까지 돌보느라 분주했다.

　지금까지 내가 알던 친구나 지인들과의 인연은 서서히 멀어져갔고 나중에는 거의 모든 인연이 끊어지고 잊혀져갔다.

　남편 또한 마찬가지다. 경제적으로 형편이 어려울 때 더구나 혼자 짐을 감당하며 그 흔한 동창회 한번 가보지 못하고 집과 일터만 오가는 데도 벅차했다.

　무거운 짐을 혼자 지고 있는 남편이 늘 안쓰럽고 가여웠다. 오히려 남편은 나를 걱정하며 위로했다. 우리 부부는 그렇게 서로를 사랑하며 서로를 가엽게 여기는 마음으로 위로하며 살아왔다.

살면서 이런 질문을 많이 받는다.

"의사조차 의학적으로 살릴 수 없다는 태아를 왜 굳이 낳을 생각을 하셨나요?"

그 누가 보더라도 이성적이지 않기 때문일 것이다.

그들의 입장에서 볼 때는, 우리가 사서 고생하는 것 아닌가 하는 생각이 드는지도 모른다. 어쩌면 바보라고 생각할지도 모른다. 그렇더라도 그들의 생각이 옳다.

사실은 나도 잘 모른다.

사형선고를 받은 내 뱃속의 아기가 왜 가엾게 느껴졌는지..!
얼굴도 보지 못한 내 뱃속의 아기가 왜 불쌍하게 느껴졌는지!
왜! 이때 나는 처음으로 무릎을 꿇었고, 간절하게 주님을 붙들기 시작했는지..

나도 잘 모른다.

나 혼자만이 아니라 남편 역시 마찬가지다. 어떻게 우리 둘의 생각이 같았는지! 아니 생각이 아니라 느낌이 같았다고 해야 할 것 같다. 이 일에 대해서 우리 부부는 한번도 의논한 적이 없었다.

어떻게! 우리 부부의 삶을 송두리째 바꾸어 놓을 수도 있는 중대한 일을 의논 한번 없이 할 수 있었는지.

나도 잘 모른다.

그러나 분명한 것은.

만일 우리가 평생 겪어야 될 일을 생각하고 의논했더라면 결코 그런 결정을 하지는 못했을 것이다. 이 결정에 대해 우리는 없었고. 아기만 있었기에 가능한 일이었다. 이 말을 바꾸어 말하면, 하나님이 모세를 붙들고 계셨다는 것이다.

모세가 '모세' 라는 이름을 갖게 된 것은 당시 출석하던 교회 담임 목사님이 기도 가운데 감동을 받아 지어주셨다. 목사님께서 우리 아이를 위해서 기도 하던 중 아기가 성경의 모세와 죽을 고비를 넘긴 횟수가 너무도 같다고 하시며 주일 대예배 시간에 아기의 이름을 모세라고 지었는데 그 이름을 받겠냐고 하셨다. 남편과 시어머님이 일어나서 "그 이름을 받겠습니다."라고 대답해서 아기의 이름이 박모세가 되었다.

나는 죽음과 싸우고 있는 아기의 귀에 대고 말했다.
"아가야 이제 네 이름은 모세란다."

성경의 모세가 그러했듯이 하나님이 붙들고 계신 박모세 역시 아무도 죽일 수 없었을 것이다.

하나님은 스스로 영광 받으시는 분이시기에 두 의사의 입을 통해 영광을 받으셨다.

모세가 태어났을 때 담당 의사는 실오라기 하나도 붙들 수 없을 만큼 냉혹한 말을 했다. 현실을 달리 해석할 수 없는 표현이었다.

"아기는 수술을 해도 죽고 수술을 하지 않아도 죽습니다."

너무도 기가 막힌 말에 큰 충격을 받았다.

이래도 죽고 저래도 죽는다는 말이 바로 이런 상황에서 하는 말이구나 알 수 있었다.

"만약 이 아기가 수술을 해서 산다면 그것은 의학이 아니라 하나님이 하신 일이겠네요?"

의사는 고개를 끄덕이며 시인했다.

"역시 기독교인이셨군요." 라고 말했다.

밖으로 흘러내린 뇌의 감염이 우려되어 급하게 수술을 결정했다.

의료진의 안내에 따라 수술 동의서를 작성하는데 동의서 문구를 보니 내가 처한 현실이 참으로 비정하게 느껴졌다. 수술 중에 일어

나는 모든 일의 책임을 우리가 져야 하는 버거운 현실... 아기의 죽음을 전제로 수술을 준비 하고 있는 것 같았다.

동의서에 싸인하는 남편을 바라보던 의사가 말했다.

"그동안 보호자들을 숱하게 만났는데 아기의 배꼽 부분이 나오거나 코 밑에 상처가 나서 간단한 수술만 하면 되는데도 불구하고 수술을 포기하고 가버리는 것을 봐왔는데 역시 기독교인은 다르군요."

그리고는 대부분 포기하는 쪽이 남편이라고 덧붙였다.

사실 나는 그렇지 않았다.

내가 기독교인이라서, 혹은 하나님을 믿는 믿음이 강해서 그리한 것은 아니다.

하나님의 뜻에 순종하기 위해 그리한 것도 아니다.

누가 하나님의 뜻을 알기에 그리 하겠는가.
그렇다고 인간이 가지고 있는 도덕이나 윤리나 책임감이 특별해서 그런 것도 아니다.

그냥 그랬다.

그렇게 했어야만 했고 그렇게 해야 한다고 느꼈다.
그것이 하나님이 내게 주신 은혜이다.
이 또한 바꾸어 말하면 하나님이 모세를 붙들고 계셨다는 것이다. 우리의 뜻이나 믿음에 상관없이 하나님은 스스로 영광을 받으셨다.

"여호와여 주께서 나를 감찰하시고 아셨나이다 주께서 나의 앞고 일어섬을 아시며 멀리서도 나의 생각을 통촉하시오며 나의 길과 눕는 것을 감찰하시며 나의 모든 행위를 익히 아시오니 여호와여 내 혀의 말을 알지 못하시는 것이 하나도 없으시니이다" (시편 139:1-4)

하나님은 아셨고 나는 알 수 없으나 하나님은 그 길을 가게 하셨다. 우리 아이 박모세를 통해 하나님의 영광을 나타내기 원하시는 그 계획에 따라 하나님은 나의 길을 인도하고 계셨다.

불가능해 보였던 희망이
현실이 되는 순간

병원에서 얼마 살지 못하고 죽을 것이라고 했던 모세가 7살이 되었다. 누워서 눈만 멀뚱멀뚱 뜨고 있던 아이가 다섯살에 말문이 열리면서 들리는 모든 소리를 다 따라하기 시작했다. 얼마 지나지 않아 아이의 별명은 앵무새가 되었다. 또한 먹지도 못하고 성장하는 아이를 보면서 기도먹고 자라는 아이라는 별명도 갖게 되었다.

배움의 결과가 아니다. 다른 아이들처럼 자연스럽게 성장하면서 말을 깨우치고 언어를 터득해서 말문이 열린 것이 아니다. 모세가 정상적인 아이라면 자라면서 저절로 된 일이라고 하겠지만, 태어난 이후 90%의 뇌를 절단한 아이가 언어를 습득한 것은 기적이 아니고는 해석되지 않는다.

기적이 일어난 것이다. 살아만 있길, 하루라도 더 살아있기를 바랐던 아이가 몸이 커지고, 생각이 커지고, 말문이 트였다. 아이의 하루하루가 기적 그 자체였다.

　나는 더 큰 기적을 기대했다. 매일 단어들을 모세의 손바닥에 그리며 주입시켰다. 학습이 가능하지 않은 뇌를 가진 모세에게는 밑 빠진 독에 물 붓는 격이었지만 포기하고 싶지 않았다.
　장애아의 부모라면 누구나 일반학교에 보내고 싶어 한다.
　아이의 불편한 몸짓, 띄엄띄엄 단어를 엮어 자신을 표현하는 어눌함을 보면서 부모의 욕심이 얼마나 헛된 욕망인가를 알면서도 실낱같은 희망을 놓치고 싶지 않았다.
　이렇게 하루하루 호전되다 보면 우리 아이도 다른 아이들과 같이 자유롭게 움직이고, 말하고, 행동하겠지 하는 희망이 생겨났다.
　시력도 호전반응을 보였고 언어 구사력도 매일매일 달라졌다. 그렇게 2년간 일반학교 취학통지서를 유예했다. 하지만 내 기대와 달리 모세는 결국 장애진단을 받고 특수학교에 입학하였다. 모세를 특수학교에 입학시키기로 결정하는 그 순간까지도 나는 희망을 버리지 못했다. 그래서 포기하기가 참으로 힘들었다.

　모세에게 어떤 환경을 조성해주는 것이 좋을까 하는 고민이 되었다. 보는 것도 안 되고 머리에 뼈가 없어서 일반 아이들이 밀치면 큰일이 날 수도 있었다. 나의 욕심을 위해서가 아닌 아이를 위해서 모세의 장애를 받아들이기 시작했다.

경기도 광주에 위치한 삼육재활학교에 가보았다. 모세가 다닐 수 있는 곳이 있어서 감사했다. 문 밖에는 혼자서 한 발짝도 나갈 수 없는 아이라 집이 아닌 다른 곳으로 갈 수 있는 곳이 있다는 것이 행복했다. 새로운 사람을 만나고 접하고, 친구들을 만나는 경험을 시켜 줄 수 있다는 것이 감사했다. 가족들과의 교류 뿐만이 아닌 자신과 비슷한 또래의 친구들과 함께 지낼 수 있는 기회가 허락되어 감사했다. 새로운 환경과 함께 마음속에 몇 가지 욕심이 있었다. 모세가 노래할 수 있는 기회가 생기면 좋겠다... 자신의 이름 석 자는 쓸 수 있게 되면 좋겠다... 라는 기대였다.

모세가 초등학교 3학년 때 12살이었다.
어느 날 갑자기 모세가 소리를 내어 글을 읽었다.
한 시간 정도 걸리는 등교시간 동안 낱말카드를 아이한테 보여줬다.
'ㄱ'에 'ㅏ'를 하면 '가'가 되고, 'ㄴ'에 'ㅏ'를 하면 '나'가 되고를 설명하며 글 읽는 방법을 알려줬다. 사도신경, 주기도문을 계속 암기하는 것을 보았기 때문에 모세가 글을 읽는 것도 가능하리라고 생각했다. 희망과 여유를 가지고 꾸준히 글을 가르쳤다.
3학년 때 교과서가 나오는데 모세가 글을 보기 쉽도록 특별히 글씨를 크게 해달라고 했다. 어느 날 모세의 초점에 글씨가 들어왔다.
"모세야 이게 무슨 글자야?"
도화지에 한 자만 쓰고 모세에게 보여줬다.

막내 고모와 모세

"모세야 한번 봐."

도화지에 쓰여 있는 글씨를 보더니 천천히 "모", "세"라고 읽었다.

불가능해 보였던 희망이 현실이 되는 순간이었다.

왼손으로 손을 잡고 글씨 쓰는 연습을 했더니 모세가 글씨를 쓰기 시작했다. 눈이 안보이니까 띄어서 쓰는 걸 못한다. 띄어쓰기를 해야 하는 순간 내가 손을 옮겨주었다. 모세는 평소에 손바닥에 글자를 그려줬던 것을 기억하고 있었다.

눈에 초점이 맞는 것은 한 줄씩 읽기 시작했다. 한 줄을 읽었다는 것은 모세가 글씨를 안다는 것이었다.

또한 모세가 핸드폰에 있는 'ㄱ' 'ㄴ' 문자를 조합하여 맞춘다는 것이 너무도 신기했다.

모세의 발전에 대해 현실적으로 설명 못할 부분이 많다.

모세에게는 선택의 기능이 자유롭지 않다. 거의 없다고 봐야 한다. '1+2는 3', '2+2는 4'라고 주입된 것에는 답을 하는데, '2+1'을 물으면 답을 하지 못한다. 배운 내용을 이해하고 응용할 수 있는 능력이 없다.

모세의 지적장애등급 심사를 받던 날이다. 두 시간 정도 걸릴 거라고 했는데 30분이 안되어 공단 직원이 보호자를 찾았다.

"어머니, 모세는 등급이 아예 나오질 않아요. 거의 등급 불가입니다. 모세의 이해력이 거의 제로에 가까워요."

모세는 지적장애등급 2급을 받았다. 하지만 분명 모세는 발전하고 성장하였다. 모세의 발전과 성장은 분명 기적이다.

바닥을 쳐야 하늘을 본다

　　　　　어린 모세를 키울 때는 모르는 것 투성이었다. 장애인 자녀 양육에 대해 거의 백지상태였으니 동사무소에서 나온 취학통지서를 받아보고는 정신이 번쩍 들었다. 아니, 정신이 없었다.

　모세를 어떤 학교에 보내야하는지. 어디에 있는 학교에 보내야 하는지 도봉 알 수가 없었다. 그날 이후 시청으로 구청으로 동사무소로 미친 듯이 뛰어다녔다. 그렇다고 그곳에서도 뾰족한 정보를 얻지 못했다.

　'목마른 자가 우물을 판다' 고 했던가. 불똥이 떨어진 곳은 내 발등이었기에 발품을 팔아 온 시를 뒤지고 다녔다.

　그렇게 해서 겨우 한군데를 찾았는데 정신지체 장애우들을 교육하는 학교였다. 비록 모세가 중복장애이기는 하나 말도 잘하고 암기력도 뛰어났다.

　모세는 성경을 암송하고 노래 가사와 리듬을 기억했다가 혼자 그 노래를 부르곤 했다. 이 학교를 보내야 하나 고민했고 또 다른 도시를 찾아 헤맸다.

나는 정말이지 아는 것이 너무 없었다. 오죽하면 장애학교가 지적장애나 지체장애 또는 시각장애, 농아학교 등 이렇게 종류별로 많이 나뉘어 있는 줄도 잘 몰랐다.

더구나 모세의 장애는 중복장애로 지적장애, 지체장애, 시각장애, 청각장애 이 모든 것에 해당 되는데 어느 학교를 보내야 좋을지 감이 잡히지 않았다.

더 알아보기로 하고 분당에 있는 ○○학교를 찾아갔다. 그곳 또한 정신지체 학교였다. 더 이상 미룰 수가 없어서 모세를 그 학교에 입학시키고 수업을 지켜보았다. 모세는 적응하지 못했다.

전국을 다 뒤져서라도 모세가 어울릴 만한 학교를 찾기로 결단하고 다시 학교를 알아보았다. 그렇게 경기도 광주에 있는 삼육재활학교를 알게 되었고 평균 취학 연령보다 2년이나 늦은 10살에 입학하게 되었다.

모세가 재활학교에 입학하면서 같은 처지에 있는 부모들을 알게 되었고 정을 나누면서 많은 정보도 알게 되었지만 많은 아픔들도 알게 되었다.

새벽부터 아이를 깨워 씻기고 입히고 먹여서 부지런히 학교에 데리고 온다. 모세가 어릴 때는 학교에 엄마들이 참여할 일이 많아 학교까지 학부형이 함께 가서 지도하는 일이 많았다. 모세가 교실에 들어가면 나머지 시간은 다른 학부형들과 휴게실에서 서로 정보를 교환한다. 비슷한 장애를 가진 자녀를 둔 부모들과의 대화란 어느 책에서도 볼 수 없는 따끈따끈하고 질 좋은 최신 정보이다. 좋게 말하면 정보교환의 시간이지만 아줌마들의 수다마당이라 할 수도 있겠다. 어쨌든 이 시간이 내게는 모세를 신경 쓰지 않아도 되는 유일한 시간이었다. 일종의 휴식과 같은 시간이었다.

하루 24시간 아이들의 손과 발이 되어야 하는 부모들의 모습을 보면서 안쓰럽고 가엽기까지 했다. 그만큼 힘든 시간이었던 것 같다.
전에 같은 반 한나 엄마가 한 이야기가 생각난다.
"우리 한나가 생리하기 전에 예수님이 오셨으면 좋겠어요."
왜! 그 마음을 모르겠는가. 백번 알고도 남음이 있다. 잠깐이라도 친구와 커피 한잔 나누기 어렵고, 여행 한번 다녀온다는 것은 꿈도 못 꿀 일이다. 다 큰 아이를 안고 업고 다니면서 엄마들의 몸은 어디 한군데 성한 곳이 없이 관절이 다 망가져 가고 있다. 아이의 몸집은 점점 커지고 반대로 엄마는 늙어가는 거스를 수 없는 육체의 쇠약함 때문이다.
몸집이 커진 아이를 늙어가는 엄마가 감당해야 하는 어처구니없는 상황을 엄마들은 당연하다는 듯 받아들인다. 내 아이 이기에 늘 해오던 일이기 때문일 것이다.

더구나 장애우 가족들 대부분은 경제력이 좋지 않다. 감당하기 어려운 아이의 병원비와 학교생활 등 움직이는 모든 비용을 온전히 부모들이 감당해야 하기 때문이다. 결국 아이가 커갈수록 가정 형편은 어려워지고 부부 갈등은 심화될 수밖에 없는 구조적 모순을 가정이 모두 감내해야 한다.

그러다보니 엄마 혼자 아이를 돌보거나 더러는 아빠 혼자 아이를 돌보는 이들도 있다. 심하게는 부모에게 다 버림받고 조부모가 돌보는 경우도 부지기수다.

모세가 처음 수술을 했을 때 병원비의 대부분을 모세의 막내고모가 도와주었다. 너무도 큰 도움을 받고 참으로 감사했다.

그 후로도 오랜 시간동안 병원생활을 이어갔다. 마치 끝이 보이지 않는 터널을 지나는 것처럼 어려움은 계속 꼬리를 물었다. 결국 더 이상은 내 힘으로 감당할 수 없는 위기를 맞았다. 남편이 지인과 동업을 했는데 주거래처에서 부도를 내는 바람에 멀쩡하던 남편의 회사도 위기를 맞아 결국 연쇄부도 처리를 당했다.

한순간에 빚더미에 올랐다. 살던 집마저 내놓고 아이들과 함께 당장 길거리로 나 앉을 일만 남았다.

가정이 해체될 위기에 처하고 아픈 아이를 지켜낼 힘도 잃었다.

모든 것이 끝나고 우리의 역할은 여기까지였다.

질문을 하지 않을 수 없었다.

하나님은 왜! 모든 것이 부족한 우리에게 모세를 맡기셨을까?

훗날 하나님을 뵈오면 꼭 듣고 싶은 말이다.

"하나님은 왜! 모든 것의 부족한 우리에게 모세를 맡기셨어요?

모든 힘을 잃은 나를 남편이 위로했다.

"여보, 우리는 더 이상 갈 곳 없는 바닥까지 내려왔어. 더 이상 내려 갈 곳이 없으니 이제 올라갈 일만 남았어. 우리는 지켜야 할 가정이 있고 꼭 지켜야 할 아픈 아이가 있어. 아이들만 생각하고 이제 위로 올라갑시다."

남편의 말에 위로받고 용기를 얻었다. 그런 남편이 고마웠다.

친구의 도움으로 보증금 4백만원의 22만원짜리 지하 월세방에 보금자리를 마련할 수 있었다.

형편이 넉넉지 않은 친구의 도움이었기에 더욱 감사했고 최선을 다해 열심히 살아내기 시작했다.

나는 모세를 돌봐야 하기에 취직은 할 수가 없어서 시간제 일이라면 안 가리고 닥치는 대로 했다.

많은 사람들이 나를 보고 장애 아이를 키우는 것만 힘들었지, 다른 고생은 하나도 안한 부잣집 사모님 같아 보인다고들 하신다. 그렇게 보여지는 것 또한 은혜라 생각하며 감사한다.

가정을 지키기 위해 혼자 애쓰는 남편에게 조금이나마 힘이 되고자 나도 할 수 있는 일을 찾아 했다. 목욕탕 청소, 우유배달, 커피와 음료자판기 관리, 식당 일 등등 내가 할 수 있는 일은 최선을 다했고 할 수 없는 부분은 간절함으로 기도했다.

남편 또한 취직 자리를 알아보며 퀵 서비스 일을 했다.

가정을 지키려는 남편의 모습은 나에게 또 다른 감동이며 큰 힘이고 위안이며 위로가 되었다.

늘 변함없는 사랑으로 나의 울타리가 되어준 남편, 그런 남편이 있기에 나는 행복한 사람이다.

하나의 힘보다 둘의 힘이 얼마나 위대한 능력을 갖고 있는지 새삼 실감한다.

하나님께서는 감당하지 못할 시험을 우리에게 주시지 않으신다는 말씀 또한 떠오른다.

고난이라 할지라도 우리에게 필요한 것이기에 주시는 것이리라 생각하며. 우리에게 좋은 것으로 주시기를 기뻐하시는 구원의 하나님을 나도 기뻐하리라.

내 어머니가 산고의 고통을 겪으며 나를 낳고 진자리 마른자리 갈아주며 손과 발이 다 닳도록 고생하며 나를 키워 낸 것같이 나 역시 그 분이 걸어온 그 길을 걸어가는 것이 내 삶의 목적이 아닌가 생각한다. 또한 그 모습이 하나님 보시기에 좋으리라...

가슴으로 울었던 나날들

모세의 몸은 튼튼하게 자라났다. 초등학교도 졸업했고 중학교에도 입학했다. 모세를 데리고 통학버스가 오는 데까지 데려다 준다. 모세가 버스를 타고 가면 나는 다시 집으로 돌아왔다가 다시 일을 해야 했다. 그리고 모세가 돌아오는 시간에 맞춰 부리나케 모세를 맞이해주러 가야 했다.

이전 까지만 해도 나는 모세를 학교에 데려다 주고 방과 후까지 기다렸다가 집에 데리고 오는 게 일상이었다. 하지만 지금은 일을 하기 위해서 모세를 학교 통학버스가 지나는 곳까지 데려다 태워 보내고 통학버스가 오는 시간에 맞추어서 데리고 와야 했다.

그때 우리 가정의 주거상황은 한참 자라는 아이들 건강에는 좋지 않은 환경이었다. 그러나 하나님께서는 감사하게도 딸과 아들(모세) 모두가 그런 주거 환경 속에서도 건강할 수 있도록 지켜 주셨다. 곰팡이가 가득한 집안에서 우리 가족은 물론이고 면역력이 약한 모세가 건강히 자랄 수 있었던 것은 또 다른 기적이 아닐 수 없다.

당시 일주일에 한두 번 모세는 학교에 가지 못했다. 통학버스가 있는 곳까지 모세를 태워주기 위해 자동차 시동을 걸려고 하면 주유 계기판이 경고등을 알리고 있었기 때문이다. 주유비 몇 만원이 당장 없어서 모세와 다시 집으로 들어온 적도 있었다. 모세는 학교에 가지 못하는 것에 대해 슬퍼하였다. 그 얼굴에 슬픔이 스며있었다. 그럴 때마다 나는 아이에게 미안해서 소리없이 가슴으로 울어야 했다.

살면서 순간순간 삶의 진실을 마주할 때가 있다. 감추고 피하는 것이 답은 아닌데 난 감추고 피하고 싶었다.

친정 식구들은 모세가 장애가 있다는 것으로 나를 무척이나 안쓰럽게 바라보았다. 내 삶의 무게를 너무 무겁게 바라본 것이다. 친정 부모님의 입장에서는 내 귀한 딸이 안 해도 될 고생을 하고 있다고 생각할 수 있다.

남편은 그런 장인 장모님에게 늘 미안하고 죄송한 마음을 가지고 있다.

나는 그런 편견이 불편하다.

자식을 키우는 부모를 향해 세상 사람들은 그 누구도 특별한 존재라고 말하지 않는다. 비장애아를 둔 가정도 아이로 인해 힘든 것은 마찬가지다. 힘든 정도의 차이일뿐 특별히 장애가 있다고 해서 힘든 것은 아니다. 나도 일반 부모가 자식을 키우는 것과 다르지 않다는 것을 가족들에게 보여주고 싶었다. 그러나 실상은 어려움을 감추고 진실을 받아들이지 않고 인정하지 않으려했던 내 고집스런 모습이 그대로 보여졌다.

겨울에는 연말 연하장이나 성탄카드를 봉투에 끼우는 알바도 했고, 가까운 농장에 가서 비닐하우스에서 재배하는 상추를 따서 포장하는 일도 했다.

어렵게 하루하루 살아가는 중 EBS '희망풍경'에서 출연해 보지 않겠느냐는 제안이 왔다. 그런데 형편이 어려웠던 나는 망설였다. 사람들에게 내 삶을 보여주고 싶지 않았던 것이다. 결국은 모세에게 도움이 된다는 생각에 출연을 결정했다. 하지만 이때의 기억은 가난에 대한 힘겨움이 참 컸다는 것이다.

어린아이의 미소와 몸짓

모세의 뒤틀어진 다리와 발을 잡아 주기 위해 수술을 해야 했다.

뒤틀어진 정도가 심해서 2년에 걸쳐 수술을 두 차례로 나눠 했다. 그때를 생각하면 차마 눈 뜨고 볼 수 없는 광경에 몸서리가 쳐진다. 모세는 태어날 때부터 이루 말할 수 없는 고통을 겪었다. 고통을 견뎌야 하는 아이를 보는 부모의 심정은 한없이 무너져 내렸다. 차마 볼 수 없는 괴로움에 울며 하나님께 매달렸었다.

모세는 참는 것이 마치 자신이 감당해야 할 몫인 것 마냥 참는 것에 익숙해보였다. 그런데 그런 아이가 비명을 질렀다.

두 번째 발 수술을 할 때 철심을 몇개나 박고 일 년을 견뎌야했다.

하루는 모세의 표정과 몸짓이 이상하다는 것을 느꼈다.

"모세야 어디가 아프니? 아프면 여기가 아파요라고 말을 해줘."

모세는 아무 대답도 하지 않았다.

붕대를 풀고 발을 살펴보았다. 발 뒷꿈치에 쇠꼬챙이가 삐져나와 있었다.

말을 안 하는 모세로서는 언제부터 이런 상태였는지 알 수가 없다.

빨리 알아차리지 못한 내 자신이 너무나 미웠다. 이런 고통을 모세는 왜 참고만 있는지 도무지 이해할 수가 없다.

철심을 뽑기 위해 병원에 갔으나 나는 차마 볼 수가 없어서 진료실 밖으로 나갔다.

모세의 비명소리가 들렸다. 진료실 밖에까지 울려오는 비명소리가 나를 괴롭혔다. 수술 후에도 모세의 검지발가락이 엄지발가락 위로 올라와 있는 형상을 하고 있어서 모세의 불편함은 여전했다.

속상한 마음에 다시 수술을 할까도 생각했지만 다시는 모세에게 수술의 고통을 안겨주고 싶지 않았다.

성인이 되었는데도 모세의 키는 제대로 자라지 않았다. 어릴 때 했던 다리 수술에서 성장판을 다친 것이 아닌가 하는 생각이 든다.

모세를 보면서 남자아이이기에 키가 좀 더 컸으면 좋겠다는 바람이다. 사람의 욕심이 그런 것 같다. 어떤 모양이라도 좋으니 살아서 내 곁에 있게만 해달라고 기도했었던 나였다.

하지만 남편은 이렇게 말한다.

"말투나 생각이 어린아이 같은 모세가 몸집만 크다면 사람들이 선뜻 다가서기 쉽지 않을 거야."

모세가 많은 사람에게 더 사랑받는 비결은 아마도 어린아이의 미소와 어린아이의 몸짓과 어린아이의 말을 하기 때문일 것이다.

다리 수술로 인해 성장판이 닫혀 키가 자라지 못했다면 그 또한 하나님의 은혜이다.

지금에 와서 보면 모세의 작은 키에는 또 다른 놀라운 비밀이 숨겨져 있다.

모세는 세살 때 뇌수종 수술을 받았다. 머리에 관을 심고 그 관에 고무호스를 연결하여 목과 가슴을 지나 위 속으로 호스를 연결했다. 뇌수가 호스를 통해 위장으로 빠져나가는 경로로 만든 것이다. 그때 수술을 맡은 박사님은 호스를 감아서 넉넉히 넣기는 했지만 모세의 몸이 커지고 키가 자라면 호스가 짧아져서 다시 수술을 해야 한다고 말했었다. 그런데 모세는 다시 수술을 하지 않고 있다.

그 이유는 호수의 길이와 모세의 키가 서로 맞기 때문이다.

참으로 놀라운 일이다.

나의 나된 것은 다 하나님의 은혜라는 말씀과 같이 모세가 모세 된 것은 모세에게 주신 하나님의 맞춤 은혜이다. 더 이상 모세에게 고통을 주지 않으시려는 하나님의 크신 사랑이다.

모세의 기도

세상에 나오자마자 겪어야 했던 두려움과 공포는 무엇과도 비교할 수 없는 고통일 것이다.

모세는 이 비정하고 혹독한 현실을 견뎌야만 했다. 참고 인내하라는 말은 어디에서 나왔을까. 마치 수차례 담금질을 견뎌야만 태어나는 정금과도 같이 아이는 몇 년간 고비마다 수술을 견뎌야 했고 숱한 시련을 참아내며 인내해야 했다.

말 못 하는 아이가 말문이 열렸을 때도 아이는 아픔이나 고통을 입 밖으로 소리내지 않았다. 참고 견딜 이유도 없는데 아이는 어떻게 견뎠을까....

11살이 되던 해 모세는 두 번째 다리 수술을 했다. 수술은 잘 되었지만 마취가 풀리면서 회복되는 과정은 또 하나의 고통이다. 그때 옆 침대에서 아프다고 한참을 울고 있는 아이에게 모세는 자신의 아픔은 뒤로한 채 진심을 다해 위로했다.

"아가야 조금만 참아. 그럼 안 아플 거야. 내가 아가를 위해 노래를 불러줄게."

잠시 후 모세가 들려주는 노래는 천상의 소리였다.

"하나님은 너를 지키시는 자 너의 우편에 그늘 되시니
낮의 해와 밤의 달도 너를 해치 못하리
하나님은 너를 지키시는 자 너의 환란을 면케 하시니
그가 너를 지키시리라 너의 출입을 지키시리라."

"눈을 들어 산을 보아라 너의 도움 어디서 오나
천지를 지으신 너를 만드신 여호와께로다."

모세의 지난 삶을 뒤돌아보면 모세는 하나님을 찬양할 수밖에 없는 사람임을 절실히 느낀다. 그날 모세는 하나님의 뜻에 순종했고 모세가 앞으로 찬양을 통해 많은 사람들의 위로자로 세워지는 첫 걸음이었는지도 모르겠다.

그날 천상의 소리를 듣고 있던 아이의 가족과 간호사 그리고 우리 가족은 모두 감사의 눈물을 흘렸다.

"여호와의 인자하심과 인생에게 행하신 기이한 일을 인하여 그를 찬송할지어다"(시 107:21)

나는 모세의 삶을 통해 하나님의 임재를 느낄 때가 많다. 하나님은 모세를 만드시고 이 땅에 보내실 때 악하고 나쁜 것은 아예 설계하지 않은 듯했다.

모세는 자라면서 부정적이나 상대방을 아프게 하는 말은 입 밖에도 꺼내지 않았다. 그것이 바로 그리스도의 향기로서 복음을 전하는 모세의 사역처럼 보이기도 했다.

모세가 세상 밖으로 나온 그날부터 늘 모세 곁에서 성경말씀을 들려주신 분은 할머니다. 할머니는 모든 예배나 기도 모임, 구역모임은 빠짐없이 참석했고 집에 있는 날에도 늘 말씀을 암송하며 입에서 찬송소리가 끊이지 않았다. 그때마다 모세가 늘 함께했다.

한번은 학교에서 같은 반 친구가 모세에게 심한 욕설을 퍼부은 적이 있었다. 지나치게 표현하자면 욕이 습관이 되어버린 아이였다. 한참 동안 욕을 듣고 있던 모세가 특유의 온화한 미소를 지으면서 말했다.

"친구야, 이건 나쁜 말이야. 이런 말은 하면 안 돼."

아무도 모세에게 나쁜 말, 좋은 말을 적어놓고 구분하는 법을 가르쳐준 적이 없다. 모세의 뇌는 처음부터 나쁜 말과 좋은 말이 구분되어 있는 것처럼 보였다.

'주의 영이 함께한다는 것'이 무엇인지 모세는 철저히 그 삶을 살아갔다. 걷기 시작하고 말하기 시작할 때부터 만나는 사람마다 두 손을 내밀고 기도해달라고 부탁했다.

"기도해주세요."

어떤 경우에는 모세의 행동에 당황하는 사람도 있지만 대부분은 모세의 부탁을 거절하지 않았다.

우리 가족은 모세의 기도소리에 잠에서 깨어나는 일도 흔하다. 모세의 기도는 늘 성령 충만하다. 어떤 때는 집안이 떠나가라 소리 질러 기도하기도 한다. 언제 그렇게 말문이 틔었는지 이 아기는 앞으로 볼 수 없고 말할 수 없고 걸을 수 없고 어떤 의사소통도 할 수 없을 거라던 의료진의 말이 무색할 만큼 기도내용을 들어보면 논리가 정연하다. 기도의 행간을 살펴도 회개와 간구와 감사 등 흐름이 완벽할 때도 있다.

하나님께서 끝까지 모세의 말문을 열어주지 않으셨다면 무수히 쏟아지는 모세의 언어들은 어떻게 됐을까..

어떤 때는 주체할 수 없이 폭포수같이 쏟아져 나오기도 하니 말이다.

외출할 때도 "기도해주세요." 차에 타면 "기도해주세요." 도착하면 역시나 "기도해주세요." 잠잘 때도 "기도해주세요." 잠에서 깨어나서 다시 잠들 때까지 모세의 기도는 끝이 없다.

우리 가정에 식사기도는 모세의 차지다. 감사로 시작해서 엄마, 아빠, 누나, 할머니까지 차례차례 필요에 따른 간구를 한다. 끝이 아니다.

가족 기도가 끝나면 이웃들이나 가깝게 만나는 사람들을 떠올리며 그들의 형편을 헤아리고 건강을 위해 기도한다. 이제 나라와 민족을 위한 기도로 넘어가야 모세의 기도가 끝을 맺는다. 이쯤 되면 국은 다 식고 찌개는 다 퍼져 있다.

"식기도는 음식을 주셔서 건강하게 힘주신 하나님께 감사하는 거야"라고 가르쳐주어서 지금은 그전 만큼 길게 하지는 않는다.

어린아이의 순수한 기도를 어찌 하나님이 받으시지 않겠는가! 모세를 통해 진정과 신령으로 드리는 예배를 배운다.

연단의 과정은 축복의 통로

　　　　　아이의 몸이 커질수록 장애는 더 두드러지게 나타났다. 아이 같은 말투, 아직 자라지 않은 아이의 행동이 큰 몸집에서 튀어나오자 주변 시선을 집중시켰다.

장애를 가진 아이의 부모라면 부끄럽다는 생각은 이미 저편에 있다. 단지 특별하게 바라보는 주변의 시선이 불편할 뿐이다. 선진국의 경우라면 장애가 특별한 것은 아닐텐데…

당장 하루하루 몸집이 커가는 아이를 보살피는 부모는 매일매일 힘에 겨울 때가 많다. 우리 같은 부모는 아이가 혼자 입고 걷고 먹는 것만으로도 더 이상 욕심을 내지 않는다. 당연한 일상이 장애아에게는 일생의 소망인 경우가 허다하다.

우리는 아이가 하루라도 더 건강하게 지내길 조금이라도 정상적인 삶을 스스로 살아낼 수 있기만을 바라며 산다. 모세가 세상에 알려지면서 엄마가 얼마나 치맛바람을 날렸으면 아이가 성악과를 졸업하고 유명세를 타게 됐을까… 하는 의심의 눈초리를 보냈다.

사람들은 모세가 가지고 있던 특별한 음악적 자질이 교육을 통해 진화했을 것으로 보는 것 같았다. 우리 아이는 정수기에서 물 한 컵을 받아 마시는 데도 오랜 시간이 걸렸다. 컵에 물이 넘쳐서 바닥이 흥건하게 고이기도 하고 컵을 밀어 넣고 다음 행동을 기억하지 못해서 마냥 서 있던 적도 있었다.

아이는 스스로 장애와 싸웠다. 우리는 서두르지 않았다. 느릿느릿하지만 학습이 되는 것만으로도 우리에게는 희망적이었다. 이렇게 모든 것에 느린 아이에게 인간의 방법으로 음악을 가르쳤다면, 그리고 엄마의 치맛바람으로 세상에 알려졌다면 아이는 지쳐서 쓰러졌을 것이다. 사실 가능하지도 않았을 것이다. 새로운 행동을 습득할 때 몇 개월, 아니 몇 년에 걸친 훈련이 필요한 모세가 다양한 노래를 배우고 익히는 것은 불가능에 가까운 일이다.

그 일을 증명이라도 하듯, 한 자매를 통해 모세가 7세 때 노래를 녹음하게 되었다. 모세가 재롱잔치에서 찬양할 때 그 자리에 있었던 자매가 나를 찾아와 모세의 찬양소리가 귓전에서 떠나지 않는다고 했다. 매일 모세의 찬양을 들을 수 있게 녹음하자고 요청했다. 우리교회 자매가 아니었음에도 자신이 다니는 교회의 녹음실에서 오르간을 치며 모세의 찬양을 여러 곡 녹음하였고 지금은 간증 중간에 그 찬양을 들려주고 있다. 많은 분들이 그때의 찬양을 들으면서, 살아계신 하나님을 찬양하며 큰 은혜와 감동으로 하나님께 영광을 돌리고 있다. 기독교TV에서 방영되는 '내가 매일 기쁘게'라는 프로에 출연했을 때 모세의 기적을 만들어낸 하나님의 역사하심을 증거하고 싶었다. 그러자면 어려웠던 과거 이야기를 꺼내야 할 것 같았다.

사람들은 내가 손에 물 한 방울 묻히지 않고 곱게 자라서 부잣집에 시집가 사모님 소리 듣고 살았을 것 같다고 말한다. 하지만 하나님은 나에게 연단의 과정을 주셨고 그 과정이 축복의 통로가 되었다. 모세를 키우면서 새벽마다 우유배달을 하고 저녁에 남편이 퇴근하고 돌아오면 동네 목욕탕 청소를 했다. 식당 설거지부터 계단청소까지 하루에 2-3시간이라도 일할 자리가 있으면 몸을 사리지 않았다. 남편이 일하는 동안은 내가 모세를 담당하고, 남편이 퇴근하면 나는 가계에 조금이라도 보탬이 되어보고자 부단히 노력했다.

하루는 목욕탕 청소를 위해 탕 안에 물을 퍼내려고 모터를 들고 가던 중 바닥에 미끄러져 넘어진 적이 있다. 그때 모터가 나의 넓적다리에 떨어졌고 너무 아파 주저앉아 일어나지도 못했다. 그대로 바닥에 누워 한없이 눈물을 쏟았다. 그렇게 한참을 울다가 본 나의 모습은 너무나 초라하고 비참했다. 하나님이 원망 스러웠다. 하나님은 나를 사랑 하신다면서 나에게 고통만 안겨 주시느냐고, 아픈 아이가 있으면 경제적인 여건이라도 좋게 해줘야 하는 게 아니냐고, 세상의 모든 고통은 나 혼자 짊어진 듯 한참을 하나님을 원망하며 울었다.

하나님은 왜 나에게 이런 시련을 주시는지 원망스러웠다. 아이의 장애, 어려운 경제적 형편, 지금 내가 감내해야 하는 이 모든 고생과 어려움들이 넘을 수 없는 산처럼 느껴졌었다.

고난...! 이 말이 어쩌면 그렇게 내게 맞는지... 힘이 들었다. 어려웠다. 고통스러웠다. 하지만 이는 내가 짊어져야 할 십자가임에 분명하였다.

모세를 향한 '하나님의 때'

모세가 초등학교 취학 전 7살 때에 여러 교회에서 초청받아 간증하며 하나님을 찬양했다.

뿐만 아니라 모세의 기적이라는 타이틀로 콘서트도 했으며 가수 윤형주 장로님과의 콘서트도 가졌었다.

참으로 많은 관심과 사랑 속에 행복했고 감사했다.

하지만 그 후로 고등학교를 졸업하기까지 12년이라는 세월 사람들의 관심 밖에서 살았다. 그렇게 좋아하는 노래를 하지 못하고 있는 모세를 위해서, 중학교 때 EBS 희망풍경에 출연했다. 또한 최연소로 수원시 장애인 합창단에 입단하여 모세가 좋아하는 노래를 계속 할 수 있게 되어 너무도 기쁘고 감사했다.

그 후로 삼육가요제에 출전하여 장려상을 받았고 수원시 장애인 가요제에 출전하여 대상을 받았으며 몇년 후 왕중왕 전에서도 대상을 받았다.

또한 하나님의 은혜로 장애인을 돕는 두드림 단체로부터 지원을 받아 성악 레슨을 받게 되었다.

처음으로 성악을 접하면서 모세가 성악을 배울 수 있다는 것에 참으로 감사했다.
모세가 할 수 있는 것은 노래밖에 없었기에 더욱 감사했다.
고등학생 때는 채널A '갈 데까지 가보자' 프로에 출연하여 많은 사람들에게 알려지기도 했다.
고등학교를 졸업하며 그동안 정이 들었던 선생님과 친구들을 볼 수 없다는 것이 모세를 슬프게 했다. 그렇지만 나의 걱정은 이제 모세가 갈 곳이 없다는 것이 더 태산 같은 걱정이었다.

바로 이때였다. 마치 기다리고 계셨던 것같이.
나는 또 한 번 하나님의 크신 은혜를 경험하게 되었다.
하나님의 때라는 단어는 내게 있어서 참으로 신비하고 아름다운 단어이다.
하나님께서는 모세가 학교 선생님을 통해 (사)사랑나눔 위 캔(We Can)에서 주최한 '썸머 뮤직캠프'의 오디션에 지원하게 하시고, 합격하게 하셨다.

서울대 서혜연 교수님의 지도아래 뮤직캠프를 무사히 마치게 하셨고. 나경원 이사장님을 통해 한국 스페셜 하계대회 개막식의 애국가를 부르게 하시고 2013년도 1월 29일, 평창 동계 스페셜 올림픽 세계대회. 평창 용평 돔에서 수많은 관중과 전 세계로 생방송 되는 가운데 모세가 애국가를 부르게 하셨다.

미국에서 이 방송을 보신 김홍덕 목사님을 통해 미국으로 우리를 부르셨고 미국의 12개주를 다니며 죽을 수밖에 없었던 모세를 그 크신 능력과 권능으로 살리신, 살아계신 하나님을 전하게 하셨다.

이때서야 비로소 알 수 있었다.

잠잠하신 것 같았던 하나님은 모세를 끝없이 훈련시키고 계셨던 것이다.

모세가 7살 때 여러 교회에 다니며 찬양과 간증으로 사용하셨던 것은 미국에서, 모세에게 행하신 하나님을 전하는 일을, 감당케 하기 위한 훈련이었다는 것을 알게 되었다.

나또한 마찬가지로 훈련을 받았었다.

그때의 훈련이 없었다면 미국에서 두 달간의 일정을 감당하지 못했을 것이다.

또한 두 달 동안 진행되었던 미국에서의 일정도, 한국에서의 일정을 감당케 하기 위한 훈련의 연속이었음을 깨닫게 되었다.

내가 어찌 감히 바다보다 넓고 우주보다 크신 하나님의 뜻을 헤아릴 수 있었겠는가.

오직 그 은혜에 감사할 뿐이다.

지하실 교회에 울려 퍼진 찬양의 기적

모세가 사람들에게 알려지면서 관공서, 학교, 종교단체 등에서 초청을 많이 받는다. 교회에서 연락이 오면 난감할 때가 많다. 사례비 문제이다.

내가 모세와 이 사역을 처음 시작할 때부터 그저 하나님께서 모세에게 은혜를 베푸사 행하신 그 일을 전하는 하나님의 도구로 쓰임 받는 것에 감사할 뿐이었다. 그래서 사례비 문제가 나오면 어떻게 대처해야 할지 당황스러웠다. 그래서 내 대답은 "주시는 대로 감사히 받습니다." 라고 대답한다. 그 이유는 아주 간단하다. 교회마다 그 규모와 재정 환경이 각기 다르기 때문이다. 그렇기에 기준을 정해놓을 수는 없다. 모세의 이야기를 듣고자 해도 교회의 형편이 어려워서 모세를 부르지 못한다면 이보다 더 통탄할 일은 없을 것이기 때문이다. 또한 하나님께 반드시 책망받을 것이 명백하다. 사실 사례비를 받는 것은 아주 감사한 일이지만 그보다 앞서야 할 것은 모세를 통해 죽은자도 살리시는 하나님의 영광이 나타나야 한다는 사실이다.

처음에는 사례비로 얼마를 받아야 하는지 그 기준도 알지 못했고, 하나님의 일을 돈으로 흥정하는 것 같아서 무조건 순종하는 마음으로 사례비에 상관없이 불러주는 곳마다 집회를 다녔다. 대부분 집회 당일 교회에 도착해서야 그 교회의 규모와 담임 목사님이 어떤 분인지 알게 되는 경우가 많았다. 교회의 규모에 따라 편협한 시각을 갖지 않으려는 이유이기도 하다. 어느 곳에서 부르더라도 하나님께서 부르시는 곳이기에 하나님께서 하시고자 하는 일에 쓰임받기만을 위해 기도했다.

"조영애 집사님, 우리 교회는 아주 열악합니다. 와주실 수 있을까요?"

"일정이 맞으면 당연히 갑니다."

약속한 날이 되어 교회에 도착해보니 상가 지하에 위치한 교회였다. 20여 명의 성도님이 계시고 여자 청년이 찬송가 반주기에 맞춰 찬양인도를 하고 있었다. 정말 열악하였다. 전혀 예상 못한 것은 아니었다. 애초에 성도수도 얼마 되지 않는다고 했었고 부를 곡의 MR을 보냈을 때 연결할 컴퓨터가 없다는 이야기도 들었기 때문이다. 통화할 때마다 오히려 초청하는 것에 미안하다는 말도 목사님은 반복했었다.

의자에 앉자마자 하나님의 임재를 간구했다. 교회의 건물이나 규모가 아닌 오늘 모세를 통해 역사하실 하나님만을 바라보기 위해 기도했다.

다행스럽게도 반주기에 'You raise me up'이 있었다. MR이 평소 모세가 듣던 음악이 아니다보니 반주에 노래를 맞추는 게 쉽지 않았다. 그러나 열악한 환경 속에서도 하나님은 은혜와 감동으로 채워 주셨다.

예배가 끝나자 담임 목사님은 내게 봉투 2개를 내미셨다. 일단 주는 대로 받고난 뒤 곧바로 다시 그 봉투를 목사님께 드리고 교회에 헌금하고 싶다고 했다. 얼마의 사례비가 들어있는지 모르지만 짐작컨대 최선을 다해 준비한 듯했다. 교회의 담임 목사님은 여자 목사님이었다. 찬양 인도하던 자매는 지적장애를 가진 목사님의 딸이었고 남편도 몸이 많이 편찮으시다고 했다. 교회에서 사례비를 받을 수 없는 상황이라 목사님은 파트타임으로 낮에 건물 청소를 하며 생계를 유지한다고 했다. 어려운 환경 속에서도 주의 일을 하시는 모습에 마음에 많은 감동이 왔었다.

모세가 비록 환경은 열악하지만 바로 이 곳, 이 교회에서 찬양한 것을 나는 하나님 앞에 더 없는 영광으로 생각한다. 그리고 이 날의 찬양을 통해 하나님의 은혜주심을 깊이 체험했다. 모세가 이렇게 찬양으로 하나님께 쓰임 받고 있음에 감사드린다.

사방이 다막혀 버리는 너무나 힘든 현실에서 모든것을 다 포기하고픈 순간에 하나님께서는 우리부부에게 기도하게 하셨고 하나님의 은혜로 우리가 지켜줘야할 아픈아이를 보면서 새힘을 주시고 최선을 다해 열심히 일하도록 이끌어 주셨습니다,

하나님께 붙들린 사람

"혼자서 앉았다 누웠다만이라도 할 수 있게 해주세요."
기도했는데
어느날 앉게 하셨습니다.
"서게 해주세요" 기도했는데 서고 걷기까지 했고
"말할 수 있게 해주세요" 기도했더니
다섯살 때 입을 열어 말하게 하시며
처음 쏟아낸 단어가 신앙을 고백이라도 하듯
사도신경과 주기도문이었습니다.

"트로트가 좋아요"

모세는 음악을 무척이나 좋아한다. 아이는 음악 듣는 것을 좋아해서 핸드폰을 끼고 컴퓨터 앞에서 꼼짝도 하지 않고 오랜 시간 동안 음악만 듣기도 한다. 아이가 음악을 들을 때면 입가에는 미소가 번져있고 눈은 내가 헤아릴 수 없는 곳을 응시한 채 충만한 기쁨을 누린다. 모세는 가곡이나 발라드도 듣지만 트로트를 좋아한다. 다른 장르는 좀 듣다보면 흥미를 잃는데 트로트는 실증내지 않고 듣는다. 아마도 흥이 많아서 그럴 것이다. 새로운 노래가 나오면 한번 듣고는 금세 따라 부른다. 대부분의 능력이 상실된 모세에게 리듬을 익히고 가사를 암기하는 능력이 어디에 숨겨져 있었는지 놀랍다. 나는 이것이 장애에 대한 일종의 보상이라고 생각한다. 아이는 스스로 음악을 들으면서 즐거움을 찾는다.

어떤 장애아는 어떤 알이든지 부화를 잘 시킨다고 한다. 아이가 부화에 적당한 온도를 맞추고 부하되는 날짜와 시간을 정확히 예측한다는 것이다.

장애에 대한 일종의 보상일까? 그런 예지를 무엇으로 설명할 수 있겠는가.

모세가 어딘가에 기쁨을 느낄 수 있다는 것에 감사하고 있다. 다른 사람들과의 교류에 있어서 언어적인 한계가 있는 아이에게 대인관계 외에 다른 분출구가 존재하는 것이 감사하다.

모세는 사람 만나는 것을 기뻐하고 사람들과 교류하는 것을 무척이나 즐긴다. 모세가 대중 앞에 섰을 때 흥분하는 것을 보면 알 수 있다. 모세는 대중 앞에 서면 혼자 흥분한다. 노래 가사에 그 교회 이름을 끼워넣거나 교회에 대한 상황을 대입하는 경우도 있다.

'나의 등 뒤에서'를 찬양하면, 곡 말미에 가서 'ㅇㅇ교회 파이팅'을 외친다. 트로트 '안동역'을 부를 때, 노래하는 지역이 대전이면 안동역을 '대전역'으로, 수원에 있으면 '수원역'이라고 바꿔서 부른다. '사랑을 위하여'를 노래할 땐 간주 중간에 '사랑합니다'라는 멘트를 집어넣기도 한다.

이는 그만큼 모세가 사람들과 교류하는 것을 좋아한다는 뜻이다.

나는 모세가 좋아하는 것을 오래도록 하며 행복했으면 좋겠다.

서프라이즈

2017년 8월 4일 충정교회(담임 옥성석) 전교인 수련회가 평창에 있는 수련원에서 열렸다.

모세의 간증이 끝나자 담임 목사님이 강단으로 올라오셨다. 뭔지 모르게 시간을 끌고 있다는 느낌이었다. 잠시 목사님이 부교역자에게 눈짓을 하더니 무대 조명이 꺼지고 한쪽에서 촛불을 밝힌 케이크를 들고 예배당에 들어왔다. 케이크가 우리 앞에 멈추자 성도들은 일제히 모세를 향해 두 손을 뻗어 축하의 노래를 불렀다. 알고 보니 간증 중간에 모세가 태어난 날이 8월 4일이라고 했던 것을 담임 목사님이 들으시고 부교역자에게 부탁해서 케이크를 사오도록 한 것이다. 수련원에서 시내까지 거리가 있음에도 깜짝 이벤트를 해주셔서 모세와 함께 감동의 눈물을 흘렸다. 케이크뿐만 아니라 봉투에 20만원을 넣어서 생일선물이라며 용돈까지 주셨다. 무심히 듣고 지나칠 수 있는 이야기를 이렇게 섬세하게 기억하고 챙겨주시니 감사할 따름이었다.

집회 후 집으로 돌아가는 길까지 배웅해주시고 살뜰하게 아껴주신 목사님의 세심한 배려로 우리는 넘치는 사랑을 받았다.

울산 지역에 있는 태화교회 주일 낮 11시 예배에 초청을 받았다. 예배를 마치고 초등부 담임 교역자로부터 소년부

옥성석 목사님과 모세

학생들이 모세를 만나고 싶다는 이야기를 전해 들었다. 이야기를 듣고 바로 소년부 예배실로 갔다. 문을 열고 들어서자마자 환호성이 터졌다. 소년부 학생들이 모세를 위해 깜짝 파티를 준비해준 것이다. 다 같이 모여 사진을 찍었다. 소년부 28명이 모세가 온다는 소식을 듣고 자필로 응원 메시지를 적어 선물했다. 모세에게도 나에게도 하나님의 위로의 응원이 마음 가득 전해지는 시간이었다.

어울리지 않는 성악가

때로는 내 뜻과 하나님의 뜻이 정반대일 때가 있다.

모세가 세상에 알려지면서 각 방송과 언론들은 모세의 이야기를 다뤘다. 하지만 우리 부부의 생각은 한곳에 멈춰 있었다.

하나님께서 살리신 모세이기에 일반 방송보다는 기독교 방송에 집중해야 한다고 생각했다. 그래서 그 생각에 머물러 있었다.

그런데 하나님의 뜻은 그렇지 않은 듯했다.

언제부터인가 지상파 방송에 출연하기 시작했다.

하나님께서는 모세에게 기독교 방송뿐만 아니라 SBS스타킹과 KBS노래가 좋아, 불후의 명곡, 아침마당, MBC휴먼다큐 사람이 좋다 등 다양한 일반 방송에도 출연하게 하셨다. 그런데 놀라운 일들이 일어나고 있었다.

기독교인이 아닌 분들이 모세를 보고 싶어 하고 모세의 기적을 이야기 한다.

뿐만 아니라 많은 교회에서 모세를 초청하며 수많은 성도 분들이

탈렌트 김나운씨와 함께

모세를 보며 살아계신 하나님께 영광을 드리게 되었다.

하지만 요즘 들어 걱정거리가 생겼다.

방송에 출연하며 이런 저런 행사에 참여할 때만 해도 모세에게는 기적의 청년 또는 희망을 노래하는 기적의 청년이라는 타이틀이 있었다.

하나님께서는 모세를 대학에도 다니게 하시고 성악을 전공하게도 하셨다. 그러나 말이 좋아서 성악전공이지 모세에게 수업은 다 무용지물이었다. 막상 모세가 대학에서 배울 수 있는 것은 오직 성악 레슨 시간에 노래를 듣고 따라 부르는 것뿐이었다. 그럼에도 불구하고 언제부터인가 모세에게 성악가라는 타이틀이 붙기 시작했다. 그러다 보니 점점 하나님을 찬양하는 모세가 아닌, 성악가인 모세의 노래를 듣고자 하는 모양으로 원래의 취지가 흐려지고 달라지고 있는 것 같다는 생각이 내 마음을 짓누른다.

성악을 공부하게 하신 하나님의 뜻이 어디에 있는지 나는 알 수 없지만 잘못된 부분이 있다면 하나님께서 아시오니 바로 잡아주시고 모세와 우리 가정을 바로 인도하여 주시길 간절히 기도드린다.

하나님은 모세를 살리시면서 온전케 하시지는 않으셨다.

모세는 태어나면서부터 목젖의 연골과 기도가 제대로 발달하지 못했다.

때문에 소리가 불규칙하다. 게다가 몸의 면역력이 약해서 늘 기침감기를 달고 산다. 그래서 몸 상태가 좋을 때는 목소리도 좋지만 그렇지 않을 때가 더 많다. 하나님을 찬양케 하셨지만 가시도 함께 주셨다. 사실 그 가시는 우리에게 주신 듯하다.

늘 하나님을 기억하라는 하나님의 크신 은혜이다.

과정 과정 모자람을 채우시는 하나님

거칠 것 같지 않은 먹구름
천둥번개가 하늘에 뛰놀고
요란한 빗줄기 땅 밑에 첨벙입니다.
사람들의 기우는 마음은
소리 없는 조롱이 되고
나 자신으로부터 들려지는 소리는
소리 있는 희롱이 됩니다.
낙담할 수도 없고요.
기뻐할 수도 없고요.
그냥 그렇게 아파만 합니다.
하나님께 드리는 나의 기도는 그야말로 간절합니다.
옳고 그르고의 문제도 아니고
좋고 나쁘고의 문제도 아니고
살고 죽는 문제이기에
하나님께 드리는 나의 기도는 그야말로 간곡합니다.
하나님 도우소서.
그런데 하나님.
기적의 소리가 들립니다.
하나님 주신 것이지요.
과정 과정 모자람을 채우시는 나의 하나님.

하나님의 그 사랑에 나는 그저 감격합니다.
모자람이 있는 그 곳에
필요한 것들을 채우시고
하나님의 은혜로 만들어 세우시는 모습에
나는 그저 감사합니다.
이제 살았습니다. 하나님.
이제 됐습니다. 하나님.
이제 알았습니다. 하나님.
하나님 감사합니다.
하나님 고맙습니다.
예수님의 이름으로 기도드립니다.

– 아멘 –

제3장 사람의 능력 밖에 서 있는 모세

똑똑 두드리고 다니는 모세

사회에서 장애아를 둔 엄마의 입장은 범죄자 같은 취급을 받는 것이 현실이다. 아이에게 장애가 있다는 사실만으로도 불특정다수의 곱지 않은 시선을 감내해야한다.

5살 이전까지 나는 모세가 정상아처럼 보이게 하고 싶었다. 아이의 장애를 받아들이고 싶지도 않았을 뿐더러 주위의 곱지 못한 시선을 견뎌내기 힘들었다. 얼굴과 지성이 함께 자라면 참 좋겠으나 그렇지 못했다. 모세가 아무 말 없이 가만히 앉아 있으면 사람들은 "아이가 참 예뻐요…"라고 말들을 한다. 우리 아이의 지능이 멈춘 것을 알지 못하는 사람들의 반응이었다. 나는 아이의 장애를 감추기 위해서 밖에 외출할 때면 아이의 머리에 모자를 씌웠다. 뇌의 90%가 소실되어 두개골 부분의 외형이 평범해 보이지 않았기 때문이었다.

7살쯤 되자 몸집이 큰 아이를 더 이상 안고 다닐 수 없었다. 절룩절룩 걷는 모세의 장애를 더 이상 감출 수가 없었다. 집 밖을 나와 동네를 지나다보면 몇몇 모여 있는 할머니들의 혀를 차는 소리에 뒤

통수가 따가웠다.

옛날 어른들은 가정에 장애아가 태어난 것을 그 집의 부모가 죄가 많은 탓으로 여겼다. 사람들을 통해 이렇게 슬픈 현실을 마주할 때마다 모세의 장애가 정말 내 탓인 것만 같았다. 할 수만 있다면 무슨 방법을 통해서라도 모세의 장애를 고쳐주고 싶었다.

모세보다 어린 아이들은 대뜸 다가와 "오빠는 바보에요? 왜 못 걸어요?"하고 물어오곤 했다.

나는 더 이상 아이의 장애를 부정하기보다는 사실을 인정하고 받아들이는 것이 현명한 선택이라고 판단했다.

나는 모세를 계속 관찰했다. 의사들이 말했던 의학의 범위를 벗어난 모세에게 어떤 가능성이 있을까 하는 생각을 멈추지 않았다. 어쨌든 나와 모세는 앞으로 긴 여행을 해야만 했다. 지금까지 살아 있는 것 자체가 기적이니 앞으로도 더 많은 기적이 있을 것이라 나를 다독였다.

7살 때까지 모세가 유일하게 세상과 소통하는 것은 두드림이었다. 손으로 똑똑 두드리고 그 소리를 들으면서 온몸으로 전율했다. 즐거움의 에너지가 방출될 때마다 모세는 머리를 흔들었다. 언어가 정상적으로 발달되지 못한 아이 스스로 자신을 표현하고 외부를 받아들일 수 있는 방법을 찾아낸 것이다. 정상적인 아이들이라면 소리를 듣고 언어로 표현하고 행동으로 옮길 것이다. 그렇게 모든 인간에게 주어진 본능적인 능력으로 학습해가며 육체가 성장하고 지성이 쌓이는 것이다. 그러나 모세는 거의 모든 과정이 생략되어 있다. 뚜렷한 이유 없이 그냥 톡톡 두드리고 소리가 나면 몸을 흔드는 것. 그것이 모세가 세상을 이해하고 외부의 세계와 소통하는 방법이었다.

하루는 시어머니께서 모세를 선교원에 보내서 또래 아이들 소리라도 들으면 좋겠다고 했다. 정상적인 또래 친구들의 모습을 보여주면 모세에게 좋은 영향이 있을지도 모른다는 생각이 들었다.

하지만 어디에도 예외는 없는 듯했다. 따돌림과 홀대는 그곳에서도 여전했다. 추운 겨울날 어머니가 잠시 자리를 비운 사이 아이들이 모세의 방석을 가져가서 모세는 차가운 바닥에 덩그러니 앉아 있었다. 할머니를 보자, 모세는 한참을 서럽게 울었다고 하셨다. 아이들에게서 따돌림 당하는 것을 모세도 느꼈던 것 같다. 시어머니는 그 모습에 너무도 속상해 속으로 우시면서 모세 곁을 떠나지 않고 지켜야 했다

모세와 분리된다는 것

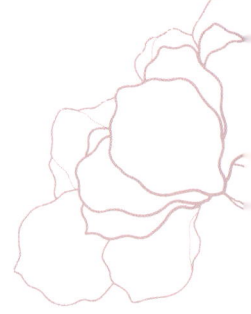

　　　　　일상생활을 어떻게 해야하는지 모든 것을 하나하나 배우면서 한다면 얼마나 번거로울까. 사람의 본능이라는 게 참 편리할 때가 있다. 배우지 않았는데도 때에 맞는 행동을 하니 말이다.

　우리에게는 너무나 당연한 일상생활이 모세에게는 전부 학습의 장이다. 배워야 하고 익혀야 그 행동 하나를 할 수 있다.

　모세는 늘 껌딱지처럼 나에게 딱 붙어다닌다. 바꿔 말하면 내가 모세의 껌딱지이다.

　얼마간의 시간이 흘러야할지 모르지만 어쨌든 모세와 나는 서서히 분리를 경험할 필요가 있다. 분리된다는 것은 결국 모세의 손과 발이 되어줄 수 없다는 뜻이다. 내가 하루라도 모세보다 더 살기를 바라지만 그럴 수 없다는 사실을 인정하고 있다. 나와 남편이 그리고 가족들이 모세를 돌보지 못하는 그런 날을 대비해서라도 모세가 혼자서 해낼 수 있는 일들을 하나둘씩 늘려주고 싶었다.

　마트에 다녀올 일이 있었다. 나는 모세를 집에 두고 가기로 했다.

모세에게 혼자 있는 동안 집 안에서 지낼 수 있는 방법을 가르쳤다. 모세에게 특별히 문제가 되는 것은 초인종 벨소리였다. 모세는 퇴근하고 돌아오는 아빠가 초인종을 누르면 수화기를 들고 벨을 눌러서 문을 열어주는데 굉장한 성취감을 느꼈다. 혹시 집에 아무도 없는 사이 누군가 벨을 눌렀을 때 원래 하던 대로 문을 열어줄 확률이 높았다.

모세에게 집에 혼자 있을 때 초인종 소리가 나면 "누구세요?" 라고 물어봐야 된다고 했더니, "네"라고 대답 했다.

"근데 모세야 어떤 아줌마가, 엄마다... 라고 하면 어떻게 해야 할까? 엄마 목소리 구분할 수 있지?"

"네"

정말 엄마의 목소리를 구분하는지 확인하기 위해, 바로 모세에게 엄마는 이만 마트에 다녀온다고 하고 5분 뒤 벨을 눌렀다.

"누구세요?"

"응 아줌만데."

문은 말이 떨어지기도 전에 열렸다.

"모세야 아줌마라고 했는데 왜 문을 열었어?"

방법을 바꿔보기로 했다. 누구누구를 구분하지 않고 무조건 벨이 울려도 절대 받지 말고 가만히 있으라고 했다. 잘 이해했는지 확인하려고 테스트를 해보기로 했다. 벨이 울리자 집 안에서 수화기를 들었다가 바로 놓는 것이 느껴졌다. 5분 뒤 다시 벨을 눌렀더니 수화기를 들고 예전처럼 답했다.

"누구세요?"
"아줌만데."
아무소리도 하지 않고 문도 열지 않는다.

혹시나 하며 "모세야 이 문 열어주면 안 잡아가고 안 열어주면 잡아갈 거야."

역시나 모세는 바로 문을 열어주었다. 이렇게 매일 매일 오랜 시간을 반복 훈련을 시켰더니 모세의 행동이 바뀌었다. 하루는 퇴근하고 돌아오는 아빠가 벨을 누르자 집안에서 수화기를 들고 모세가 "누구세요?" 라는 말에 "아저씨야"라고 했더니 끝까지 문을 열어주지 않아서 애를 먹었던 적도 있었다.

모세에게 상황에 맞는 행동을 가르치기 위해서는 많은 인내심이 필요하다. 하지만 모세가 반복적인 훈련을 통해 새로운 행동을 배워가는 모습을 보며 감사하는 마음이 점점 커지곤 한다. 처음에는 벨소리 자체에 반응해서 문을 열어주던 아이가 이제는 문을 열어 줘야 하는 상황과 열어주지 말아야 하는 상황을 구분할 수 있게 된 것이다. 모세에게는 이것 또한 엄청나게 큰 성장이다.

아무것도 할 수 없는 아이

　　　　　뇌의 90%를 떼어낸 모세는 누군가의 도움이 없으면 아무것도 할 수 없는 아이였다. 심지어 밥 먹는 것조차 누군가의 도움이 필요했다.

　불과 1년 전까지만 해도 모세가 스스로 할 수 있는 것은 오로지 노래를 듣고 외워 부르는 것이 전부였다. 어떤 사람은 노래하는 모세를 보면서 정상에 가까운 성인으로 생각하기도 한다. 사실 그렇게 보이는 것일 뿐 아이가 혼자서 할 수 있는 유일한 것은 노래뿐이다. 얼굴을 씻기려면 한 손으로는 모세의 얼굴을 받치고 또 다른 한 손으로 비누칠을 해서 얼굴을 씻긴다. 대변을 보고 나면 뒤를 닦아줘야 끝이 난다. 먹는 거, 입는 거, 씻는 거, 신변처리까지 다 나의 도움이 필요한 모세다. 그런 모세에게 나는 말했다. 하나님은 도대체 모세를 얼마나 사랑하시기에 엄마라는 전용 몸종을 두셨을까. 천사 아들은 환하게 웃는다.

　나는 아이에게 용변 후 뒷처리를 엄마가 아닌 다른 가족에게도 도움을 요청할 수 있다는 것을 가르쳐주기로 했다.

"모세야 이제 대변을 보고 나면 아빠를 불러. 아빠가 도와줄 거야."

"예."

그런데 대변을 보고도 남을 시간인데도 모세가 아무도 부르지 않았다. 화장실 문을 열고 들어가 보니 변은 다 본 것 같은데 계속 변기에 앉아서 좀 당황스러운 표정을 짓고 있었다. 늘 '엄마'를 부르다가 '아빠'를 부르라는 말에 고민이 되었던 것 같다. '엄마'가 아닌 '아빠'를 불러야 하는 새로운 상황에 적응하는 것도 모세에게는 어려운 일이었던 것이다.

한번은 모세에게 냉온정수기 사용법을 가르치기로 했다. 혹시 온수를 눌러서 손을 데이는 일이 생길까 염려가 되어 온수는 잠가놓고 냉수만 사용할 수 있도록 했다.

"모세야 식탁 위의 컵을 파란 꼭지 아래로 밀어 넣으면 컵에 물이 채워질 거야."

보통사람에게는 쉬운 간단한 몇 가지 행동을 순서대로 하는 일이 모세에게는 쉽지 않았다. 얼마간은 컵에 물이 넘쳐서 바닥에 물이 쏟아지기도 했다. 조금만 빼서 먹으라고 했더니 컵에 1/5 정도 물이 채워지면 꺼내고 마시고를 반복하기도 했다. 그러나 꾸준한 훈련을 통해 모세는 컵에 적당한 양의 물을 받아서 스스로 마시기 시작했다.

모세는 오른쪽 편마비로 인해 오른손을 사용하지 못한다. 왼손도 정상적으로 사용하지 못한다. 더구나 시력도 좋지 않아서 사물을 정확하게 구별하지 못한다.

다른 사람에게는 쉬운 일상생활이 모세에게는 무척이나 어렵다.

이를 닦는 과정도 모세에게는 힘겨운 자기와의 싸움이었다. 모세가 혼자 양치할 수 있도록 하기 위해  먼저 혼자 이를 닦는 연습을 시켰다.

"모세야 이를 닦을 때는 위 아래로 닦는 거야."

역시 모세는 앞니만 계속 위아래로 닦았다.

"모세야 오른쪽도 하고 왼쪽도 하는 거야."

그제야 이 전체를 닦았다. 바로 이어서 치약을 짜서 칫솔에 묻히는 과정까지 혼자서 해보도록 했다. 손을 자유롭게 사용할 수 없으니 바닥에 칫솔을 놓고 한손으로 치약을 짰다. 그 과정을 하는 동안 화장실 바닥에 치약이 가득했다. 일 년 정도 지나자 세면대에 칫솔을 놓고 치약을 짜서 이를 닦기 시작했다. 이를 닦고 나서 세면대 뒷처리를 해야 하지만, 하나하나 혼자서 해나가는 모세의 작은 변화에 감사할 뿐이다. 이렇게 스스로 할 수 있는 활동이 늘어날 때마다 잘 따라 와주는 모세에게 고맙고, 이날까지 지키시고 인도해 주시는 하나님께 감사하다.

모세의 절대 음감

　　　　　　모세가 초등학교 1학년 때로 기억한다. 정말 우연히 알게 된 일이 있었다.

　그 일이 없었다면 지금도 묻혀 있을 수도 있는 일이었다. 모세와 딸아이는 핸드폰에 기본적으로 설치되어 있는 아이큐 게임을 했다. 눈을 감고 키패드를 눌러 나오는 숫자가 아이큐 숫자라는 놀이었다.

　그날 우리 가족은 조그마한 연못을 찾았다. 하늘은 맑고 푸르며 연못은 깨끗하여 힐링 되는 기분이었다. 나의 사랑하는 딸 혜지와 아들 모세. 어느 한순간도 아이들은 내 시선에서 벗어나지 않았다. 반짝반짝 빛나는 두 아이들에게 우리 부부의 시선은 늘 고정되어 있었다.

　차에서 놀던 딸아이가 뛰어왔다.

　"엄마, 모세 머리가 이상해요."

　가슴이 벌렁거렸다. 아이들한테서 한눈 판 적이 없던 것 같은데 순식간에 어떠한 일이 벌어졌는지 차가 있는 쪽을 향해 필사적으로

뛰었다.

허겁지겁 뒤따라온 딸이 모세를 보자마자 바로 휴대폰을 꺼내더니 모세의 머리에 가져다댔다.

"모세야! 말해봐."

잠시 생각에 젖어있던 모세가 숫자를 말했다.

"5"

그리고 딸은 휴대폰에 찍힌 숫자를 나에게 보여줬다.

모세가 말한 숫자가 거기에 찍혀 있었다. 놀라운 일이었다.

이날 호숫가에서 벌어진 기적 같은 상황은 지금 뒤돌아봐도 모세가 성장하는 데 어떻게 도움을 줘야 하는지 더 알게 하신 하나님의 축복이었다.

"혜지야! 다시 한번 해볼래?"

몇 차례 모세의 머리에 휴대폰을 댈 때마다 모세는 숫자를 정확히 알아 맞췄다.

나는 그때의 놀라운 광경을 되새겨보며 주님의 말씀 로마서 8장 28절을 묵상한다.

딸아이가 초등학교에 입학하기 전, 한글과 숫자와 구구단을 가르쳐야겠다고 생각하고 딸에게 자음과 모음 그리고 숫자는 일부터 백까지 우선 가르쳤다.

모세는 듣는 게 무척이나 발달되어 있고 또한 암기력이 뛰어나다. 모세가 노래를 하는 것은 그냥 할 수 있는 일이 아니다. 세 가지가 합해져야만 할 수 있은 일이다. 정확한 음을 들을 수 있어야 하고, 음과 가사를 암기 할 수 있어야 하고, 성대로 소리를 낼 수 있어야 가능한 것이다. 이 중에 한 가지라도 없다면 노래를 할 수 없다는 이야기가 된다.

참으로 놀라우신 하나님이다. 아무것도 없는 모세에게 이 세 가지만은 가지고 있게 하셨다. 그것도 뛰어나게 하셨다.

나중에 안 일이지만, 키패드에는 숫자마다 고유의 음이 있다고 한다. 모세는 그 숫자와 음을 다 외워 놓았던 것이다. 그러니 눈으로 볼 필요가 없는 것이다. 나는 키패드를 수도 없이 눌러 보았지만 내 귀에는 그 소리가 그 소리였다. 하지만 모세에게는 아니었다.

모세가 외우고 있는 노래가 수백곡일지 수천곡일지 정확히 알 수 없지만, 내가 알고 있는 곡만도 상당하다.

모세와 미국에 다녀온 후에 SBS '놀라운 대회 스타킹' 320회에

SBS 스타킹 출연

출연을 했었다. 거기서 걸그룹 애프터 스쿨의 멤버인 유이 양과 MC 강호동 씨는 핸드폰 키패드 숫자를 맞추는 절대 음감 테스트를 진행했다. 서희태 지휘 단장님은 모세의 음감은 노래를 위해 태어난 것이라며 자신도 갖고 싶은 부러운 재능이라고 극찬을 아끼지 않으셨다.

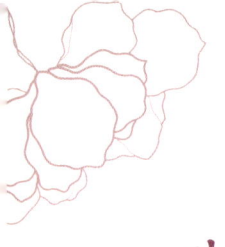
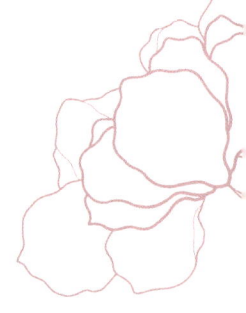

바른 말 사나이

　　　　　사실 그동안 모세를 키워오면서 내가 받은 상처와 아픔은 이루 말할 수 없이 많다. 그럼에도 불구하고 나는 그동안 사람에게서 위로를 받지 못했다.

　내 짐이 너무 무겁고 힘들어 지치고 쓰러질 때에도, 치유되지도 않은 상처 위에 또 다른 상처를 받을 때에도, 목사님이나 장로님이나 어머님과 교회는 끝없는 하나님의 말씀만을 이야기하신다. 때로는 그것이 내게 위로가 되지 않았다.

　어쩌면, 그 말은 나도 알고 있다.

　그저. 때때로 보이지 않는 하나님이 아닌. 내 옆에 있는 사람들의 위로가 필요했다.

　예수님도 사람으로 우리를 위로하셨다.

　인간적인 말 한마디가 우리를 감동케 하며 위로한다.

　정작 내가 원하는 위로는 거창한 것이 아니다.

　"많이 힘들지…" "수고 많았다…" 라는 아주 소소한 말이다.

어떨 땐, 세상 사람들에게 더 사려깊고 진솔한 위로를 받을 때도 있다.

나는 그 위로를 받고 싶었다.

어려움을 당한 이웃을 외면하지 않고, 찾아보고 위로하고 돕는 것을 본다. 그들이 사마리아인이다.

모세는 칭찬을 참 잘한다. 누구에게든지 칭찬을 아끼지 않는다. 뿐만 아니라 위로도 잘 한다. 그래서 우리 가족은 모세를 '바른말 사나이' 또는 '바른생활 사나이' 라고 부른다. 모세의 입에서 나오는 말은 온통 사랑스러운 말 뿐이다.

내가 걱정스런 눈빛을 띄고 힘없는 몸짓과 표정으로 앉아있을 때면 모세는 어김없이 내 곁으로 다가와 위로를 한다.

"엄마 걱정하지 마세요. 다 잘 될 거에요."

나는 모세에게 위로를 받는다. 그리고 힘을 얻는다.

"아저씨, 오늘은 따뜻한 화요일이에요"

　　　　　　우리 가족이 살던 지하실은 습기가 많아서 곰팡이 냄새가 진동을 했다. 더구나 장마철에는 바닥에 물이 차서 물을 퍼내기에 바빴다. 그래서 여름에는 구역예배를 우리 집에서는 드리지 않았다.

　그때의 목표는 지하실을 벗어나는 것이었다. 우리 가족의 작은 소망은 현실이 되었고 다세대 주택 2층으로 살림을 옮겼다.

　집을 알아보는 과정에서 몇 차례 장애아가 있으면 가정이 불화하다며 계약을 거절하는 경우도 있었다. 하지만 기도와 함께 새로운 거처를 찾던 중 좋은 집주인을 만났다. 모세의 밝고 천사 같은 미소에 반했다며 모세가 불편하지 않도록 화장실 수리까지 해주며 여러모로 신경을 써주시는, 사랑이 많으신 분이었다. 하나님께서 우리 가정을 위해 예비하신 거처라는 마음이 강하게 들었다.

　모세는 집주인과 많은 추억을 만들었다. 2002년 월드컵 경기가 열렸을 때 집 옥상에서 아저씨와 함께 대한민국을 외치며 응원했고 솜씨 좋은 아줌마는 맛난 음식을 만들어 주며 사랑과 정을 나누었다. 그렇게 5년이란 세월을 보내고 우리는 다른 곳으로 이사를 하게 되었다.

이사 온 후 모세는 집 주인 아저씨를 자주 볼 수 없다는 것에 많이 상심했었다.

"모세야, 아저씨가 보고 싶으면 문자를 보내면 어떻겠니?"

그 뒤 모세는 아침에 일어나면 핸드폰을 들고 아저씨의 안부를 물었다.

"아저씨, 오늘은 따뜻한 화요일이에요."

"아저씨, 오늘은 어제보다 더 행복한 날 되세요."

"아저씨, 오늘은 따뜻한 수요일이에요."

매일 같은 말에 단어만 살짝 바꿔서 보내는 모세의 문자 메시지에는 늘 보이지 않는 패턴이 있다.

모세는 입력된 것을 출력하는 기능만 갖고 있다. TV에서 보았든지 어느 모임에서 들은 표현이든지 입력된 문장이나 단어를 적절한 시기에 출력을 시키는 구조이다. 모세조차도 그 뜻을 정확하게 알지도 못한다. 또 보낸 문자에 합당한 답을 기다리는 것도 아니다.

그런데 상대방은 문자 그대로의 의미로 받아들이는 경우가 많다. 모세의 장애가 겉보기에는 심각해 보이지 않기 때문에 더 그런 것 같다.

한번은 집주인 아저씨가 모세에게 맛있는 걸 사주겠다고 했던 모양이다.

"모세야, 아저씨가 맛있는 거 사줄게 만나자."
"예. 그럼 머리 감고 예쁘게 하고 갈게요."
한 시간쯤 지나서 아저씨에게 문자가 왔다.
"모세야, 출발했니?"
"…"
아저씨는 모세의 말을 있는 그대로 받아들인 것이다. 모세는 말과 행동의 차이가 있다. 말이 끝난 뒤에 어떤 행동을 해야 할지 감을 잡지 못한다. 얼핏 보면 정상적인 아이들과 같이 말하고 행동을 하는 것 같지만 사실 모세는 정상적인 행동을 흉내 내는 것에 가깝다고 생각해야 한다.

어쨌든 모세는 겉으로 보이는 것 이상의 장애를 가진 아이이다. 모세로 인해 우리는 지금까지 그 집주인과 친분을 이어가고 있다

버스 안에서 모세

모세가 7세 때까지 우리는 서울에 있는 성모병원으로 재활치료를 받으러 다녔다. 치료를 받는 날은 평일이기에 남편은 회사에 출근하고 나 혼자 모세를 데리고 버스를 타고 병원을 다녀야했다.

집에서 서울에 있는 성모병원까지는 버스로 두 번을 갈아타야 한다. 버스 안은 늘 혼잡했다. 붐비는 버스 안에서 나는 한 손으로 손잡이를 잡고 나머지 한 손으로 아이를 잡아야 했다.

문 뒤쪽이나 앞쪽에 있다가 문이 열렸는데도 제때 내리지 못하면 왠지 모를 따가운 시선이 느껴졌다. 문제는 모세의 반응이다. 그때만 해도 아이는 소리에 민감한 반응을 보였다. 벨 소리가 나고 문을 열고 닫는 소리에 몸을 흔들면서 깔깔거리며 웃었다. 운전기사는 아이 좀 조용히 시키라고 버럭 화를 냈다. 주위에 전혀 반응하지 못하는 아이는 멈추지 않고 같은 상황을 반복했고 나는 겸연쩍어서 도망

치고 싶었다.

어떤 날은 몇 정거장 더 가야 하는데 따가운 시선을 견디다 못해 내려서 병원까지 걸어가는 날도 있었다. 꼭 가야하는 병원조차 가는 길이 험난하게 느껴졌었다.

버스가 급정거를 할 때는 중심을 잡지 못한 아이가 앞 사람한테 쏠려 순간 승객의 바짓가랑이를 잡아당겼다가 '애 좀 잘 보라'고 크게 호통치는 소리를 듣기도 했고, 여성 승객의 겉옷을 잡았다가 여성분이 소스라치게 놀라는 바람에 무척 당황했던 적도 있었다.

쏟아지는 따가운 시선을 받으며 모세와 함께 버스를 타고 다닌다는 것은 그리 쉬운 일이 아니었다. 인식의 차이 때문일까? 아니면 당연한 사람들의 반응일까? 여러 생각이 머리에 맴돌았지만 현실은 현실이었다. 받아들일 수밖에 없었다.

"내 동생 모세는 천재"

　모세가 퇴원했을 때 딸아이는 세 살이었다.

　우유병을 손에 들려주면 다 먹을 때까지 나가서 놀다가 들어왔다. 그리고 모세 침대 앞에 무릎 꿇고 앉아서 두 손을 성경책 위에 모으고 기도한다.

　내 동생 아프지 않게 해주세요. 무릎 꿇고 두 손 모아 동생을 위해 기도하는 세 살짜리 딸의 모습을 보고 있으면 꼬옥 안아주지 않고는 견딜 수 없을 만큼 예쁘고 사랑스러웠다.

　그때는 온 가족이 온통 모세에게 매달리던 때라 아직 우유도 떼지 못한 어린 딸을 제대로 돌보지 못한 것이 지금도 가엽고 마음이 아프다.

　모세가 7살 때다. 두 살 위의 누나에게 구구단을 가르치면 옆에 있던 모세도 함께 공부를 했다. "3×4는 뭐지?" 하면 딸아이 대신 모세가 답을 맞히곤 하였다. 딸에게 모세는 암기력도 좋고 노래도

엄마와 누나

잘하는 멋진 동생이다. 그런데 가끔 친구들이 집에 놀러오면 "네 동생 바보야?"라고 물었다. 옆으로 머리를 내리고 입을 다물지 않고 있는 아이의 모습이 아이들 눈에 그렇게 비쳤던 것 같다. 그때마다 딸아이는 "내 동생은 노래도 잘하고 기억력도 좋은 되게 똑똑한 아이야!"라고 큰소리를 쳤다.

진심이었다. 딸아이가 본 모세는 이런 아이였다. 나보다 구구단을 잘 외우고 노래도 잘 부르는 자랑스러운 내 동생인 것이다.

사실 우리 부부는 모든 일을 딸아이 중심으로 생활하기로 했다.

어느 날 딸이 내게 말했다. "엄마 하나님께 나도 아프게 해달라고 기도했어요." 그 말을 듣는 순간 나는 정신이 번쩍 들어 딸아이를 살펴보게 되었다. 딸은 눈을 심하게 깜박 거렸고 이상한 소리도 내고 있었다. 사라진 엄지손톱도 보게 되었다. 남편과 딸아이를 데리고 병원에 갔는데 불안증을 동반한 사랑결핍증이란 진단을 받았다. 살뜰하게 보살펴 주지 못한 미안함 때문에 우리 부부는 서로 부둥켜안고 울었다. 그때부터 모든 생활을 딸아이를 중심으로 살아가기 시작했다.

"엄마 따라 모세병원에 같이 갈까? 아니면 유치원에 갈래?" 이렇게 딸아이에게 먼저 물어보고 딸아이의 선택을 존중했다.

그런 딸아이가 사춘기가 되자 친구들을 집에 데려오지 않았다. 초등학교 졸업식을 앞두고는 졸업식장에 절대 모세를 데려오지 말라고 했다. 13살짜리 어린 딸의 말이 섭섭해서 왈칵 눈물이 쏟아졌다. 딸아이 앞에서는 화를 냈지만 밤새 고민을 했다.

딸아이의 말대로 정말 모세를 졸업식에 데려가지 않는다면 앞으로 딸은 어떤 자리에도 모세가 오는 것을 막을 것이다. 이렇게 모세의 존재가 밖으로 알려지는 것을 꺼려했을 때 어떤 결과를 낳을까...

장애가 범죄도 아니고, 장애가 있다고 해서 동생이 아닐 수 있는 것은 아니지 않는가.

아무리 고민을 해봐도 모세와 딸 모두를 위해 가장 합당한 방법은 딸의 부탁을 들어줄 수 없다는 것이었다.

아침에 딸을 불러다 앉히곤 이야기를 했다.

"모세는 네 동생이야. 동생이 누나의 졸업식에 참석하는 건 당연한 거야."

착한 딸도 더 이상 고집부릴 수 없다고 생각했는지 한풀 꺾여서 말을 이었다. "그럼 졸업식장에 도착하면 모세가 양손을 주머니에 넣고 다녔으면 좋겠어요."

모세의 한쪽 손은 안쪽으로 휘어진 채 아무 기능을 할 수 없다. 손 모양만 봐도 모세가 정상이 아니라는 것쯤은 한눈에 알 수 있다.

"그래, 그렇게 하기로 하자."

사실 우리 부부는 딸에게 미안한 게 많다. 모세가 수시로 병원을 다니면서 딸아이는 부모인 우리와 함께 있기보다 고모네, 이모네, 친할머니, 외할머니 집을 전전하는 날이 더 많았으니 말이다. 모세와 2살 터울밖에 나지 않았는데 그 어린 아이가 얼마나 부모의 사랑이 그리웠을까 짐작하고 남을 일이다.

엄마 아빠의 사랑을 아픈 모세에게 전부 빼앗겼다는 생각에 많이 외로웠을 딸아이를 생각하면 지금도 눈물이 난다.

투혼

모세를 씻겼다. 그런데 몸의 거품을 씻기고 바닥의 거품까지 쓸어낸 후 아이를 일으키는 과정에서 그만 아이가 욕실 바닥에 미끄러져 넘어지고 말았다. 비눗방울이 완전히 씻겨나가지 않은 바닥에 발바닥이 닿으면서 일어난 사고였다.

아이는 넘어진 채 꿈쩍도 하지 않았다. 어디 크게 부딪힌 건가… 아이가 잘못된 것은 아닌가… 하는 마음에 깜짝 놀라 모세를 살펴보았다.

모세는 자신의 감정을 표현할 때 조금의 차이를 보인다. 기분 좋을 때는 몸을 떨면서 기쁨을 표현하는데, 슬프거나 아프거나 몸에 고통이 따를 때는 좀처럼 표현에 서툴다. 그래도 늘 몸종처럼 모세에게 붙어있는 나는 아이의 표정을 쉽게 읽을 수 있다. 그런 모세의 표정에서 아이의 몸에 이상이 있다는 것을 감지했다. 남편과 나는 근육이 놀란 정도로만 생각하고 아이를 방에 눕히고 주물러 주었다. 그런데 아이가 일어나지 못했다. 부축을 해도 몸이 꼼짝하지 않았다. 119를 불러 들것에 눕혀 동수원 병원 응급실에 도착했고 급하게 엑스레이를 찍었다. 고관절이 부러진 것이다. 가볍게 넘어졌다고만 생각했는데 생각보다 상황이 심각해졌다. 모세에게는 작은 충격도 위험하다는 사실을 잊고 있었다. 당장 수술이 시급한 상황이라 아주대병원으로 이송했다. 그날이 토요일이다. 월요일에 의사들이 회의를 해서 수술 여부를 결정한다고 했다.

월요일이 되어 회의를 거쳐 바로 오후에 수술에 들어갔다.

죄책감이 들었다. 내 실수 때문에 아이에게 고통을 준 것 같아서 눈물이 났다. 모세가 하는 말이 "이만하길 다행이잖아요."라고 하는데 그 말이 더 슬펐다. 자기의 아픔을 참으면서 하는 말이라는 것이 느껴졌다.

그때 모세가 세상에 알려지고 가장 바쁠 때였다.

'노래가 좋아' 4연승 명예졸업을 한 후 이곳저곳에서 초청이 쇄도할 때였다. 병원에 실려 간 날 당장 내일 주일인데 파주조은교회 간증집회가 잡혀 있었다. 정신을 추스르고 바로 교회에 연락을 했다. 혼자라도 오셨으면 좋겠다고 했다. 약속된 것이기 때문에 어기면 안 될 것 같아 모세를 병원에 놓고 나는 집회에 참석했다.

찬양하는 모세의 영상을 보여주며 나는 간증을 했고 기도 요청도 했다. 감사하게도 그 날 집회는 은혜로웠고 다음 해에 모세와 함께 다시 집회를 해주길 요청을 받아 일정을 잡고 돌아왔다.

모세는 수술 이후에도 6개월 정도 휠체어를 타야 했다. 초청받은

여러 곳을 나 혼자 다녔다. 거리가 먼 곳 여러 곳은 부득이 취소를 했다. 여러 곳 중에 5곳에서는 일 년 후 모세와 함께 가기로 집회 일정을 조정했다.

모세는 휠체어를 타고 집회 일정을 소화했다. 승강기가 없는 교회에서는 우리가 휠체어를 들어서라도 옮길테니 꼭 와달라고 했다. 교회 청년들 4명이 휠체어를 들고 본당까지 올라갔다. 어떤 교회는 계단 폭이 좁아서 한 사람이 모세를 업고 한 사람은 뒤에서 모세의 엉덩이를 받쳐 주며 본당까지 간 적도 있다.

당시에 모세는 대소변을 보는 횟수가 다른 때보다 많았다. 하루에 대변을 5번까지 봤으니 2시간 간격으로 "엄마 배 아파요."라고 말하곤 했다. 그나마 화장실 안이 넓거나 장애인 시설이 있으면 별 문제가 안 되는데, 교회 화장실이 좁고 장애인 시설은 없는 곳이 대부분이었다. 집회 바로 전이나 후에 배 아픈 신호가 오면 곤란했다.

휠체어에 앉은 아이를 세워서 업고, 화장실 안으로 들어가고, 볼일이 끝나면 다시 업고 나와, 휠체어 앉히는 일이 내게는 무척 버거웠다.

단순히 집회에 참석해서 간증을 하는 문제를 떠나 집회 장소까지

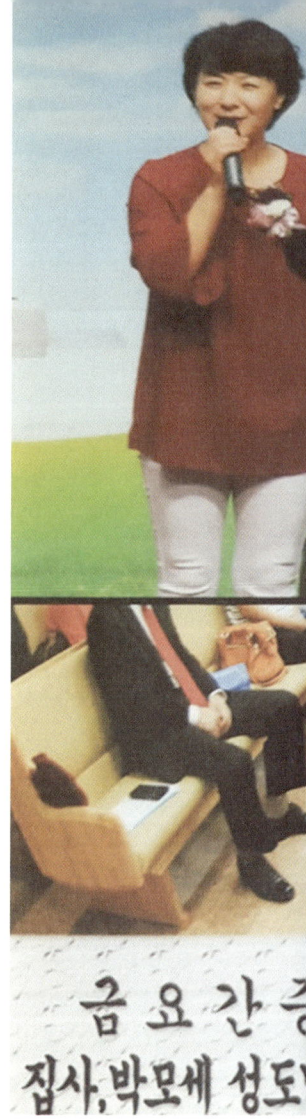

이동하고, 집회 장소에서의 운신도 어려움이 많았다.

하지만 모세와 나는 순종 하였다.

하나님의 일이 아닌가.

하나님이 모세를 사용하시는데 이에 순종하는 것은 너무도 당연하다. 사용하여 주시는 하나님께 감사할 뿐이다.

하나님께 붙들린 시간

많은 사람들이 열개 중에 아홉개를 가지고 있으면서도
나에게 없는 한 가지 때문에 많이들 힘들어 하는 것을 보았는데
하나님께서 저에게는 있는 그 한 가지에 감사하게 하셨습니다.
그래서 그때부터 저는 정말 있는 그 한 가지에 감사하기 시작했습니다.
살아만 달라고 한 아이가 살아 있는데 다른 것을 더 바란다면
그건 욕심이고 사치라 생각하며 무조건 감사하기 시작했습니다,
그랬더니 나의 환경은 변한 게 없었지만 세상이 달라보였습니다.

"오늘이 모여 평생 행복할 거야"

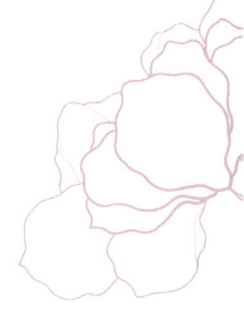

나는 모세를 통해 '있는 것'에 감사하는 법을 배웠다. 대부분의 사람들은 가진 게 많아도 단 한 가지 없는 것 때문에 실망한다. 나도 물론 가진 것보다 없는 것에 집중했고 더 많이 갖고 누리길 바랐었다. 하지만 모세를 통해 나에게 있는 한 가지에 대해 생각하고 감사하며 지내게 되었다. 그러다보니 하나님께서 우리 가정에 하나님의 섭리와 은혜를 나타내시고 눈물이 변하여 기쁨이 되게 하셨다.

있는 것…!

모든 부모들이 아이를 사랑하는 마음을 가지고 있지만 그 사랑하는 마음을 아이에게 전달하며 양육하는 것은 참 어려운 것 같다. 아이를 키울 때 부모가 갖게 되는 많은 고민들은 대부분 아이를 사랑하는 마음에서 비롯된다. 사랑하기 때문에 더 고민하고 더 실수하고 더 아파하게 되는 것 같다.

나는 모세를 키우면서 더 고민하게 되고 더 실수하고 더 아팠다.

이는 내가 모세를 더 많이 사랑하기 때문이다. 모세는 내게 늘 아픈 손가락이기 때문이다.

엄마라서 행복하고... 엄마라서 더 많이 아팠다.

모세를 보니 모세가 가지고 있는 것이 많지 않았다. 그리고 그 모습을 보는 나는 아플 수밖에 없었다.

사실 지적장애아들은 몸은 건강해 보여도 아무것도 못하는 경우가 많다. 모세도 마찬가지다. 겉으로는 아주 건강해 보이지만 남들은 아무렇지도 않게 해내는 일상생활이 모세에게는 오르기 어려운 큰 산과 같다. 사실 일상생활을 영위하는 것조차 다른 사람의 도움 없이는 해결이 안 되는 아이다. 스스로 의식주만 해결할 수 있게 되면 참 좋을텐데...

유치원에 다니는 아이조차 할 수 있는 볼일을 끝낸 뒤 뒤처리조차 스스로 할 수가 없다. 타인의 도움이 필요하다. 그래서 우리 부부는 모세에게 비데 사용법을 가르치기로 했다. 조급한 마음을 내려놓고 내가 죽기 전까지만 하면 된다는 마음으로 여유를 가지고 천천히 연습시키는 중이다.

하지만 아프다. 남들에게는 당연히 있는 것인데, 우리 아이에게는 없으니 나는 모세를 키우며 아파한 것이다.

그리고 경제적으로도 어려웠다.

아이의 장애만으로도 엄청나게 힘들었지만 경제적으로도 많은 어려움이 있었다. 전세에서 월세로 다시 지하 월세방으로 가정 경제 형편은 갈수록 악화되었다. 희망은 보이지 않고 눈물만 쏟아졌다.

내가 그렇게 살아만 달라고 간절하게 기도했던 아이. 그 아이가 내 곁에 있는데 여기서 내가 다른 것을 더 바란다면 그것은 욕심이고 사치라는 생각이 들었다. 없는 것에 불평하는 삶이 아니라 있는 것에 감사하면서 믿음으로 기도하는 것이 마땅하다.

우리 부부는 항상 "오늘 행복하게 살자. 그러면 오늘이 모여서 평생 행복할 거다."라고 말한다. 삶이라는 게 그렇지 않은가. 우리가 계획한다고 해서 계획대로 진행되는가. 그렇게만 되면 얼마나 기쁠까. 그러나 예상치 못했던 인생의 역경을 만나기도 한다.

남들에게는 있는 것인데 우리에게는 없으니 경제적으로도 참 힘들었던 나는 남몰래 참 많이 아파했다.

'있는 것'이 많지 않아 힘들었다. 하지만 나는 모세를 통해 '있는 것'에 감사하는 법을 배웠다. 있는 것에 감사하다보니 희망이라는 것이 생겼다.

희망이다.

희망이 무엇인가. 없으니까 희망인 것이고 부족하니까 희망이라고 생각한다. 아파하고 가난하고 도움이 필요하고… 그러니까 희망하는 것이 아니겠는가. 나는 지금도 모세를 통하여 희망한다. 그리고 그 희망이 이루어지기를 기도하며 열심히 살고 있다. 그리고 매일 꿈을 꿀 수 있게 해주는 모세에게 감사한다.

사진제공 : 두란노서원 사진팀

너무도 놀랍습니다

평소엔 꽃을 보고도 몰랐습니다.
평소엔 하늘을 보고도 몰랐습니다.
평소엔 산을 보고도 몰랐습니다.
너무도 놀라운 하나님의 섭리하심이
그다지도 커다랗게 있음을요.
한 사람 한 사람을 보면서도 몰랐습니다.
무심하게 지나쳤습니다.
저기 서 있는 저 사람도
저기 앉아 있는 저 사람도
저기 기대어 있는 저 사람도
하나님의 세우심인 것을 정말 몰랐습니다.
누구나가 그러하기에
모두가 비슷하기에
특별나지도 않기에
정말 무심했습니다.
그런데 하나님.
하나님의 보게 하심에 내 눈이 열립니다.
우리 아들 모세가
놀랍게도 세워졌습니다.
기울어졌었는데

찌그러졌었는데
허술했었는데
정말 약했었는데
정말 주저앉았었는데
하나님.
하나님께서 세우셨습니다.
사람은 도저히 할 수 없는
사람은 도저히 이루 수 없는
오직 하나님만이 하셨습니다.
너무노 놀랍습니다.
기적인들 이만 하겠습니까.
나는 지금 하나님의 세우심을 봅니다.
그리고 그 놀라움에 경배를 올립니다.
하나님 영광 받으옵소서.
예수님의 이름으로 기도드립니다.
- 아멘 -

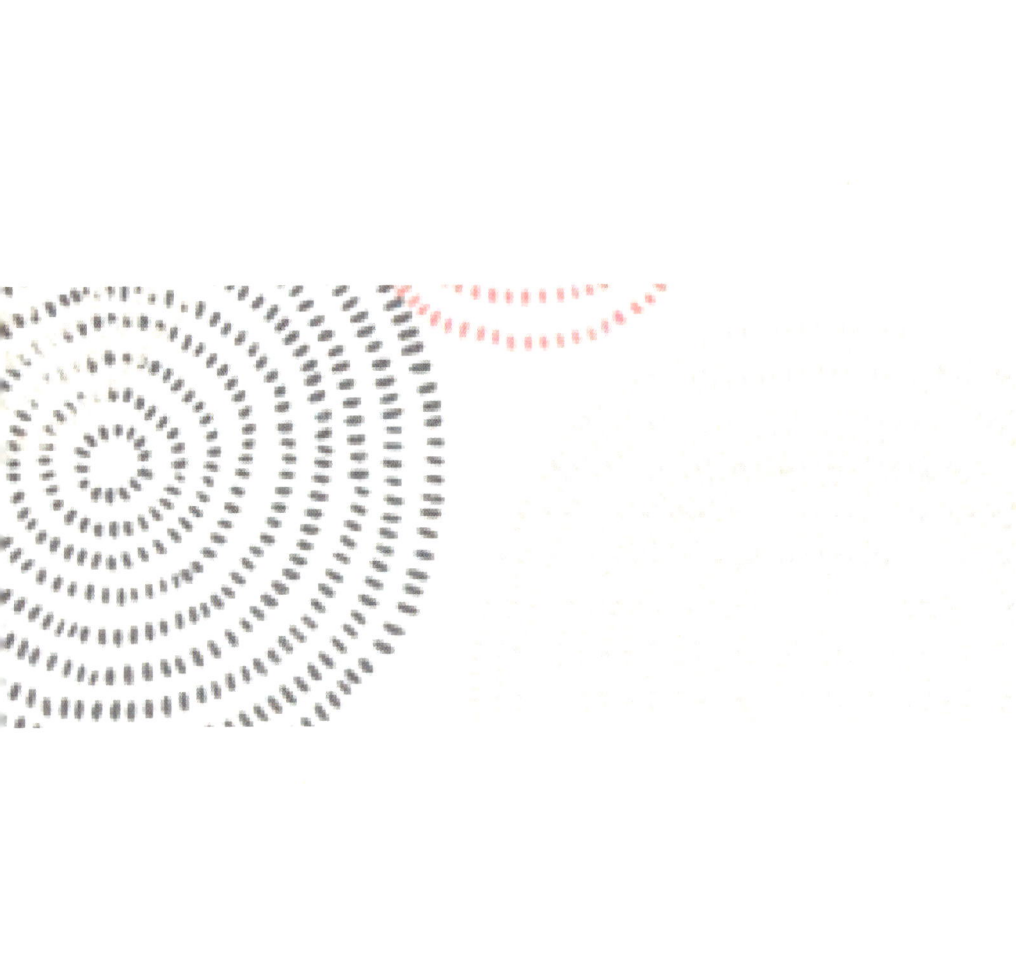

제4장 기적은 하나님이 행하시는 것

2013년 평창 스페셜 올림픽 세계대회 애국가 독창

　　문화방송이 주최하고 2013년 평창 동계 스페셜 올림픽 세계대회 조직위원회가 후원한 '희망 싣고 떠나는 행복열차'가 충북 오송역을 출발하여 1박 2일 동안 강원도 정선에서 있었다. 모세와 나는 이 행사에 다녀왔다.

　　지적장애인들의 동계 스포츠 체전인 '2013 평창 동계 스페셜 올

림픽'의 성공적 개최를 기념하고, 지적장애인에 대한 사회적 편견과 인식을 개선하기 위해 마련된 이번 여행에는 스페셜 올림픽 참가선수를 비롯하여 전국의 지적장애인과 보호자 300명이 함께했다. 저녁에는 'Together We Can, Together Be Happy' 시간을 마련, 참가자들이 춤과 노래 등의 숨은 장기를 자랑하였는데, 모세는 팝핀현준과 'You raise me up'을 협연하는 무대를 가졌다. 많은 이들에게 감동을 안겨준 뜨거운 무대였다.

'희망 싣고 떠나는 행복열차'는 다큐멘터리로 제작됐다. 모세는 집에서 출발할 때부터 촬영이 시작됐다. 삼삼오오 장애 가족들이 모였다.

열차가 출발하기에 앞서 평창 동계 스페셜 올림픽 나경원 위원장께서 부모들에게 인사하는 시간이 있었다.

다큐멘터리 방영 얼마 후에 '동계 스페셜 올림픽 조직위원회'에서 전화가 왔다. 평창 동계 스페셜 올림픽 세계대회 개막식에서 모세가 애국가를 불러달라는 요청이었다. 세계에서 모인 4천2백여 관중들과 전 세계로 생방송 되고 있는 평창 용평 돔에서 모세는 애국가를 불러 많은 이들에게 감동을 선사했다.

  장애를 이기고 애국가를 부른 아들이 진심으로 자랑스러웠다.

  모세를 이날까지 건강하게 지키시고 자라나게 하신 하나님께 감사드린다.

'어메이징' 미주순회집회

　　　　　모세의 이야기에 미국을 빼놓을 수는 없다. 모세의 고등학교 졸업을 앞두고 걱정이 태산 같을 때, 마치 그때를 기다렸다는 듯이 기적이 일어났다.

　모세의 애국가를 듣고 각 언론사에서 인터뷰 요청이 줄을 잇고 방송국이 출연 요청이 쇄도했다. 이때 어떤 분으로부터 연락을 받았다. 내 연락처를 알아내려고 여러 방송사와 학교를 찾아다니며 애를 많이 쓴 것 같았다.

　그분은 미국에 계신 자신의 형을 소개했다. 형님이 모세를 미국으로 초청하고 싶다는 뜻을 전했다.

　미국에서 조이 선교회를 설립하고 미국 현지는 물론 중국과 아프리카에까지 선교지를 두고 사역하고 있는 김홍덕 목사님이라고 했다. 김홍덕 목사님과 첫 통화를 하며 그분의 말씀에 몇 가지 감동되는 부분이 있었다.

　"집사님. 박모세군이 홍해를 건너는 기적의 역사를 미국에서 시

작되었음을 같이 선포합시다."

　가슴이 벌렁거렸다. 가능한 일인가 싶기도 했다. 한국도 아니고 머나먼 땅 미국에서. 고작 전화 통화 한 번에 나는 목사님의 말씀에 담긴 확신이 느껴졌다. 이 사역 또한 하나님의 경륜 속에 진행되어 간다는 것이 깨달아졌다.

　그렇다고 해서 말 한마디도 통하지 않는 미국 땅에 더구나 모세와 단 둘이 간다는 것이 쉬운 일이 아니었다. 그동안 외국은 한 번도 나가본 적 없기에 더욱 더 그러했다. 그런데 문제는 나보다 가족들이었다.

　목사님은 여러 차례 전화통화로 이메일로 우리 가족을 안심시켜 주셨다. 목사님의 노력 덕분에 가족들은 한 번도 본 적 없는 목사님을 신뢰하게 되었다.

"집사님 하나님의 인도하심을 믿고 염려하지 마세요."

얼마 뒤 나는 가족들과 상의 끝에 여기저기 방송 출연 요청을 뒤로하고 일분일초도 홀로두지 않으시는 하나님을 전적으로 의지하며 모세와 함께 미국으로 날아갔다. 앞으로 모세와 나는 두달간 하나님의 스케줄표에 맞춰 사역을 펼쳐갈 것이다. 두려움과 기대감을 동시에 안고 하나님께 간구했다.

두 달간의 강행군이 시작됐다. 먼 거리를 다니며 많게는 하루에 세 번 간증집회를 했다. 음식이 입에 맞지 않았다. 제대로 먹지 못하니 서있는 것조차 힘이 들었다. 더구나 욕실문화가 우리와 달라서 모세를 씻기는데도 매번 애를 먹었다. 잘 먹지 못하고 잠자리도 불편했다. 잠을 잘 못자니 아침이면 개운하지 않고 정신이 혼미했다. 마치 끌려다니는 기분이었다.

　모세는 정반대였다. 한국에 있을 때보다 더 활기찼다. 잘 먹고 잘 자고 마치 날개를 단 듯 가는 곳마다 신이 났다. 무대에 서서 노래할 때면 그야말로 에너지가 폭발하는 것 같았다. 내 육신은 고통스러웠지만 모세는 기쁨으로 가득 찼고 가는 곳마다 하나님의 은혜가 넘쳤으며 감동의 물결이 이어졌다. 집회가 끝난 뒤 모세를 초청한 교회 목사님들은 대부분 '어메이징'을 외치며 모세를 끌어안아주었다.

　시간은 정신없이 흘러갔고 나도 조금씩 현지 생활에 적응해갔다. 먹는 것, 자는 것이 수월해지니 하나님의 은혜가 더 큰 감동으로 몰려왔다. 그만큼 내게도 '기적의 청년 모세'를 통해 하나님이 어떻게 역사했는지 놀라운 기적을 전하는 데 힘이 솟았다.

　나는 한 번도 와본 적 없는 미지의 세계 미국 땅에 발을 딛고 서서 그동안 하나님께서 모세에게 역사했던 기적의 순간을 미국의 성도들에게 전했다.

보스턴 ㅇㅇ교회 전목사님은 28년 동안 목회하시면서, 간증집회는 모세가 처음이라고 말씀하셨다. 하나님의 은혜가 참으로 크다고 느껴졌다. 부족한 우리를 통해 하나님은 영광 받으셨다. 다음 날, 목사님과 사모님께서 손수 만드신 떡과 과일 쥬스를 가지고 우리가 머물고 있는 숙소로 찾아오셔서 어제의 감동을 다시금 이야기 하시며 하나님의 임재하심을 간증하셨다. 뭐라고 말할 수 없는 주님의 사랑과 인도하심이 나의 힘든 여정을 위로하고 계셨다.

한번은 일정에도 없었던 맨하튼의 뉴 프론티어 교회를 방문하게 되었다. 음악을 공부하는 유학생들의 음악축제가 열리는 이곳에서 모세가 찬양을 하게 되었다. 뛰어난 학생들의 찬양이 이어졌다. 한 흑인 여학생의 노래를 들으면서 나는 기도를 했다.

"주님, 우리를 여기에 왜 보내셨나요. 모세가 너무 비교되잖아요."

인간의 생각으로 기도하던 그때, 잠시 후 기도가 바뀌었다.

"주님, 모세의 찬양을 듣고 한 사람만이라도 은혜 받는 시간이 되게 해주세요."

마지막에 모세의 차례였고, 나의 짧은 간증 뒤에 모세가 'You raise me up'을 불렀다. 그런데 다른 때와 또 달리 무척 아름다웠다.

"오! 주님 감사합니다."

모세의 찬양이 끝나자 감사의 눈물이 쏟아졌다. 무대를 내려오는 모세를 향해 많은 사람들이 달려 나왔다. 그 중의 한 일본인 유학생은 자신은 천주교인인데 모세를 통해 하나님이 살아계심을 보았다고 고백했다. 옆에서 하염없이 울고 있던 한국 유학생이 간증했다.

"친구가 그동안 그렇게 교회 한번가자고 얘기해도 꿈쩍도 하지 않았는데, 오늘은 음악 축제가 있으니 한번만 가보자고해서 함께 왔어요. 그리고 이 자리에서 모세를 통해 살아계신 하나님을 만났어요. 감사합니다."

여학생은 모세를 껴안고 눈물을 펑펑 쏟았다. 감사의 눈물, 기쁨의 눈물이었다. 나는 이 현장에서 모세를 통해 일하시는 하나님의 섭리를 보았다. 박수갈채는 오 분 동안 끊이지 않고 이어졌다. 김홍덕 목사님은 계속해서 '어메이징'을 외치셨다. 주님의 놀라운 은혜의 시간이었다.

씨애틀 ○○교회에서는, 하나님의 임재하심을 나누는 귀한 은혜의 시간이었다.

예배 후 여자 집사님 한 분의 고백은 내게 특별한 간증으로 와 닿았다.

너무나 강하고 확신의 찬 목소리로 말했다.

"집사님과 모세를 보면서 많이 회개했습니다. 98년도에 저도 모세처럼 비슷한 아이를 잉태했어요. 머리 뒷부분에 **뼈**가 형성이 되지 않아 구멍이 난 쪽으로 뇌가 흘러나와 살 수 없다고 했지요. 결국 저는 낙태를 선택했고 수술했지요. 모세는 하나님의 기적 그 자체에요."

나는 마음속으로 기도했다. 분명 하나님께서 집사님과 나의 만남을 허락하셨으니 대화가운데 성령님을 통해 하나님의 음성을 들려주시라고 간구했다.

이날 나는 모세를 향한 하나님의 신뢰가 더욱 강하게 다가왔다. 의술이 뛰어난 미국이라는 나라에서 그것도 모세보다 6년 뒤에 일어난 일임에도 의학적으로 살릴 수 없어서 낙태했다는 말에 모세를 이 땅에 보내시고 살리시고 고치신 역사는 하나님의 사랑이라는 말 외에는 다른 해석이 필요 없었다.

또한 미국에서 뇌 신경학을 연구하시는 박사 장로님은 뇌수종으로 인해 수술 받은 사람이 뇌에 물이 빠지면서 움츠리고 있던 뇌가 펴지는 것이 연구되었다고 하셨다. 하지만 한번 잘라낸 뇌가 다시 자랐다는 것은 무엇으로도 설명할 길이 없다고 하시며 하나님께서 하신 일임을 증거했다.

어느 날 켈리포니아 주에 있는 플러튼 시장님의 초청을 받았다.

김홍덕 목사님의 인도로 플러튼시 청사를 찾았다. 브루스 위티커 시장님과 시 의원과 시 관계자 분들은 우리를 반갑게 맞이하며 환영해 주셨다.

브루스 위티커 시장님은 장애를 가지고 태어났음에도 이에 굴복하지 않고 많은 이들에게 희망을 주는 박모세의 놀라운 이야기를 듣고 감동 받았다며 플러튼 시를 방문해 준 것에 대해 감사하다고 하시며 명예시민증서를 수여해 주셨다.

브루스 위티커 시장님과 시 의원과 시 관계자들

모세는 그 자리에서 'You raise me up'을 불렀다.

노래가 끝나자 제니퍼 피츠제럴드 시의원은 한참동안 모세를 껴안고 그녀가 받은 감동을 전했다.

두 아들의 엄마로서 이렇게 감동을 받은 적은 없다며 플러튼을 방문해줘서 정말 감사하고 미국을 방문하게 되면 언제든지 시를 방문해주길 바란다며 찬사를 아끼지 않았다.

우리가 무엇이길래 하나님께서 우리를 이렇게 높여주시는지 감사할 뿐이다. 신비로웠다. 모세의 노래를 듣고 많은 사람들이 어린 아이처럼 순수해지는 것처럼 느껴졌다.

미국에서의 일정이 나는 꿈만 같았고 매순간이 감사 했다.

하지만 모세를 데리고 12개주를 다니는 것 또한 결코 쉽지 않았다.

하루는 모세에게 "엄마는 너무 힘들어 빨리 집에 가고 싶은데 모세는 어때? 라고
물었더니.
"엄마 혼자 가세요" 한다. 생각지도 못한 모세의 답변에 나는 놀라서 그 이유에 대해서 물어보았다.
"미국은 찬양 할 수 있어서 좋아요"라고 했다.
그도 그럴 것이 미국에 오 자 마자 하루 가 멀다하고 하루에 많게는 3번씩 찬양을 했으니. 순수한 모세는 미국은 찬양하는 곳 인줄로 생각한 것 이었다.
이런 모세를 어찌 하나님이 사랑 하시지 않으리…
두 달 동안의 일정을 마치고 집으로 돌아 올 때 나는 살이 7키로가 빠졌다.

그만큼 힘든 여정 이었지만 하나님께서 나에게 큰 위로와 새 힘을 주셨다.

모든 일정을 마치고 돌아온 뒤, 얼마 지나지 않아서 김홍덕 목사님은 가족과 함께 아프리카 우간다로 선교사역을 옮기셨다.

미국에서의 두 달간의 생활도 힘들다 생각했었던 내 자신이 참으로 부끄러웠다. 미국이라는 환경에서 아프리카의 열악한 환경 속으로 거침없이 들어가신 그 용기는 어디에서 나오는 것일까. 그 모습이 하나님이 보시기에 기쁘시리라 생각한다.

하나님의 은혜와 평강이 목사님과 가정과 사역 위에 언제나 함께 하시길 기도드린다.

KBS '노래가 좋아' 4연승 명예졸업

평창 동계스페셜 올림픽에서 애국가를 부른 이후 많은 변화가 있었다. 각종 언론의 인터뷰가 줄을 이었고, 라디오와 TV 방송국의 출연요청이 쇄도했다.

어느 날 방송국에서 연락이 왔다. KBS '노래가 좋아'의 작가라며 출연요청을 하였다. 장윤정 씨와 도경환 씨가 진행을 맡은 프로그램인데 꽤 인기가 있는 프로였다.

설 특집으로 프로그램을 기획하면서 적합한 출연진을 물색하던 중 모세를 초청하게 되었다는 것이다.

예전 모세의 성악 레슨 선생님이셨던 황영택 선생님이 출연제보를 하셨던 것 같다.

얼마 전이다. 빨래를 하고 있는데 갑자기 모세가 흥분하기 시작했다.

"엄마! 우리 저기 나가요?"

모세는, 모든 노래 프로그램 방송에 관심이 대단하였고 방송을 볼 때마다 입버릇처럼 이 방송에 출연하고 싶다는 말을 했다. 모세는 계속 '노래가 좋아' TV출연에 관심을 보였다.

방송 출연에 대해 고민하며 확답을 미룰수록 모세는 어떻게 알았는지 나에게 TV에 출연하고자 하는 마음을 강하게 표출했다. 긴 고민 끝에 모세와 함께 좋은 추억이나 만들자며 방송에 출연하기로 결정하고 방송에서 부를 곡을 선택했다. 선택한 곡은 가수 김종완 씨가 부른 '사랑을 위하여'이다. 가사 중에 "내가 아플 때보다 네가 아파할 때가…" 이 가사를 부를 때 울컥하는 것을 참느라 혼났다.

큰 기대 없이 참가한 방송에서 그날 바로 1승을 통과했다. 2승 도전 곡은 함중아 씨의 노래 '내게도 사랑이'라는 곡이다. 멜로디가 흥겹고 노래가 짧아 편하게 즐기며 하자는 마음으로 2승에 도전했다. 생각지도 않았던 2승을 하게 되었다.

박빙으로 3승까지 통과한 후 모세의 마지막 4승 곡은 가수 안치환 씨의 '내가 만일'로 선정했다.

방송은 경연을 통해 진행되다 보니 매번 새로운 곡을 선정하여 열흘 안에 MR을 듣고 거기에 맞춰 노래해야 했다. 그런데 중요한 마지막 녹화를 앞두고 모세는

며칠 전부터 감기몸살을 앓더니 아예 목소리가 턱 막혀버렸다. 리허설에 들어갔는데도 소리가 나지 않았다.

나는 하나님을 의지하며 기도했다.

"여기까지 인도하신 하나님 마지막까지 하나님께서 해주실 줄 믿습니다…"

녹화가 시작되었다. 그런데 좀 전 리허설까지만 해도 목이 막혀서 소리가 나오질 않고 좋아질 기미가 없던 모세의 목 상태가 녹화가 시작되니 언제 그랬냐는 듯 목소리가 트였다.

이날, 청중의 반응은 어느 날보다 뜨거웠다.

그렇게 '노래가 좋아'의 첫 4연승 명예졸업의 영예를 안았다. 방송 중이었음에도 마지막 4연승에서 모세는 "하나님 감사합니다."를 세 번이나 외쳤다. 방송을 편집할 수 없는 부분에다 "하나님 감사 합니다"를 세 번이나 외치게 하고 하나님은 영광을 받으셨다. 1승부터

4승까지 한 달간 녹화가 계속 이어졌고, 믿기지 않는 일들이 벌어졌다. 우리 연락처를 묻는 전화 때문에 KBS 전화가 마비될 정도였다고 한다. 방송국에선 방송 출연자의 개인 연락처를 공개할 수 없기 때문에 우리 연락처를 알아내지 못한 사람들은 인터넷을 뒤지고 혹시 어느 교회에서 모세를 초청했는지 알아낸 후 해당 교회를 통해 우리의 연락처를 문의하곤 했다. 모세를 향한 초청 문의가 쇄도했고 한 달 정도 지나자 일 년 스케줄이 꽉 채워졌다. 갑작스런 변화에 당황스러웠지만 하나님의 이끄심을 느낄 수 있었다. 인천의 ㅇㅇ교회에서는 미국에서 하루에 세 번의 집회를 한걸 아시고 그 기록을 이번 기회에 깨라하셔서 인천에서 청라를 오가며 4번의 집회를 하기도 했다.

또한 군목회를 하시는 이향인 목사님께서는 사역지를 옮기실 때마다 우리를 초청해 주셔서 4곳에서 찬양과 간증으로 하나님께 영광을 올렸다. 그때마다 매번 감동을 받았다고 고백하던 목사님의 따님은 자신의 결혼식에 축가를 요청했다. 모세와 나는 진심으로 축복하며 기쁜 마음으로 축가를 불렀다. 어느 지역에서는 친분 있는 목사님들께서 집회시간이 겹치지 않도록 일정을 잡아주셨다. 이 지역에 오신 길에 각 교회 집회를 오전 11시, 오후 2시, 오후 6시로 잡아주시고 하루에 3번의 집회를 할 수 있도록 배려해 주셨다. 세 분 목사님의 배려에 다시 한번 감사드린다.

하나님께서 보잘 것 없는 우리에게 은혜를 베푸사 박모세에게 행하신 그 일, 모세의 기적을 세상에 알리라는 하나님의 강력한 이끄

가수 장윤정씨와 함께

심을 느낄 수 있었다.

 방송 출연을 하며 그간 정들었던 장윤정 씨와 도경환 씨를 더 이상 못 보게 되어 많이 슬퍼하는 모세를 향해 장윤정 씨가 위로했다.
 "어머니, 모세는 천사라서 세상적으로 공격당할까봐 방어막으로 장애를 주신 것 같아요."
 모세의 장애를 최상으로 표현해주는 장윤정 씨가 너무 고마워 혹시라도 해줬던 말을 잊어버릴까봐 계속 입으로 되뇌며 핸드폰에 메모를 해두었다. 모세의 장애로 인해 많은 상처를 받으며 살아왔던 지난 시간동안 처음으로 듣게 된 위로의 소리였다.

 1승 때 탤런트 김나운 씨가 모세에게 급작스런 질문을 했다.
 "모세 군 소원이 뭐에요?"
 노래하는 모세만 보면 장애가 단순해보이지만 실상 모세는 논리적인 생각의 체계가 없다. 무슨 말을 해야 하는지 한참을 머뭇거리던 모세가 이렇게 대답했다.

"올해는 모든 분들이 다 건강하고 행복했으면 좋겠어요. 도경환 형이랑 장윤정 이모랑 하는 일마다 모두모두 잘 됐으면 좋겠어요."

아이가 질문에 잘 대답할 수 있을까 걱정하던 마음이 순간 감사함과 기쁨으로 가득 찼다. 항상 그러했듯이 분명 하나님이 모세의 입술을 통해 대언하시는 시간이었을 거라 확신한다.

하루는 '노래가 좋아' 작가에게서 연락이 왔다. KBS 2TV '불후의 명곡-전설을 노래하다' 300회 특집에서 장윤정, 도경완 부부가 무대에 서는데 장윤정 씨가 모세와 함께 방송에 나가고 싶다고 해서 연락을 했다는 것이다. 감사한 마음에 흔쾌히 응했다. 셋이서 부를 노래는 김장훈의 '세상이 그대를 속일지라도'였다.

'노래가 좋아'에서 4승을 한 뒤 이제 장윤정 이모를 보지 못한다고 모세가 무척 아쉬워하는 모습을 본 장윤정 씨가 꼭 한번 모세와 함께 무대에 설 기회를 만들어야겠다고 했는데 생각했던 것 보다 그 시간이 빨리 온 것이다.

이날은 MC들이 실력을 겨루는 날이었다. 사실 모세는 이날 히든카드였다. 시청자들에게 모세의 기적이 이미 알려진 때였고 '노래가 좋아'를 통해 감동의 무대를 보였었다.

'불후의 명곡-전설을 노래하다'에서도 모세는 장윤정, 도경완 부부와 함께 감동의 무대를 청중들에게 선보였다. 비록 이날 우승은 이영자, 신동엽, 컬트에게 돌아갔지만 이영자 씨는 골든컵을 모세에게 안겨주었다.

　mc 신동엽씨가 모세에게 '불후에 명곡'에 출연한 기분이 어떠냐고 묻는 질문에 모세는 400회 500회 1000회 까지 쭉 갔으면 좋겠다는 말을 해서 모두를 놀라게 하고 기쁘게 했다. 상황에 맞게 모세의 입을 통해 적절한 말을 주시는 그 은혜에 감사하다.

　이날의 무대는 각 교회에서 모세를 초청할 때 사람들에게 모세를 알리는 홍보자료로 만들어져 사용되고 있다. 모세의 방송출연이 하나님의 역사하심을 더 많은 곳으로 알리게 되는 통로가 된 것이다.

　나의 생각 이상으로 크게 역사하시는 하나님을 향해 더욱 견고한 신뢰와 믿음이 생겨난다.

참사랑의 훈육이 모세를 성숙시키다

한 번도 노래를 배운 적 없는 모세가 음정 박자를 맞춰 가며 노래를 부를 때마다 배움에 대한 욕심이 생겼다. 그러나 당장 남편의 월수입으로는 불가능하였다. 모세의 수술비로 생긴 빚도 갚아야 하고, 당장 온 식구가 생활도 해야 하고, 또 우리에게 모세만 있는 것도 아니고 첫째도 양육해야 하기에 남편의 월수입만으로는 생활이 힘들 수밖에 없었다.

우연한 기회로 EBS의 '희망풍경'에 출연했다. 모세에게 성악 레슨을 받게 해주고 싶지만 가정형편상 엄두도 못 내고 있다는 우리의 사연이 알려지면서 '두드림'이라는 장애인 복지단체에서 연락이 왔다. 감사하게도 '두드림'의 지원으로 정식 성악 레슨을 받을 수 있게 되었다.

설레는 마음으로 '두드림' 부천지회에 도착했다. 먼저 모세가 어느 정도 실력을 갖추었는지 테스트를 받았다. 모세의 레슨 선생님은 후천적 장애를 갖고 있는 황영택 선생님이셨다. 황영택 선생님의 삶을 들여다보면 감동 그 자체이고 인간 승리이다.

막상 레슨을 받기로 결정했지만 또 다른 어려움들이 있었다. 수원에서 부천까지의 기름 값조차 우리 형편에는 부담스러웠기 때문이다. 모세에게 정말 좋은 기회라는 것은 알지만 어려운 형편가운데 이런 돈을 지출해도 되나 싶은 고민이 든 것이다. 고민을 하며 기도하던 중에 이런 음성을 들었다.

"너의 수고도 없이 도움만 받으려고 하느냐"

기도를 마무리하고 복지단체에 "하겠습니다."라고 바로 연락을 했다.

모세가 레슨 받는 날엔 학교에 가서 아이를 데리고 레슨 장소로 갔는데, 경기도 광주에서 2시간에 걸쳐 부천으로 가 레슨을 받고 수원 집으로 돌아왔다. 집에 돌아오면 밤 10시가 넘었다. 성인도 감당하기 힘든 이런 생활을 2년을 했다. 2년쯤 지나자 모세가 견디지 못했다. 레슨하고 돌아온 다음 날은 경기를 할 정도였다.

황영택 선생님은 아이를 지도할 때 몸이 불편하심에도 불구하고 힘을 다하고 정성을 다하여 모세를 가르쳤다. 때로는 엄하고 강하게 지도하셨다. 그동안 모세는 한 번도 혼나 본적이 없었다. 집에서는 모든 가족이 인내심을 가지고 모세를 칭찬해주며 격려하는데 전혀 다른 교육 방식에 적응하는 것이 어렵고 두려웠던지 서럽게 운적도 있다.

그 모습을 보고 나는 마음이 아팠다. 사실 나는 아무 것도 할 수 없는 아이가 무엇이라도 하면 그것이 너무 대견스러워서 늘 칭찬을

아끼지 않았었다.

 엄마로서 아이가 가엾다고 예쁘다고만 하며 약하게 키운 것은 나의 잘못이다. 모세가 그렇게 나약한 아이였는지 나는 모르고 있었던 것이다. 내가 못한 것을 대신해주신 선생님의 가르침이 귀하다는 것을 알았다.

 하나님이 모세에게 기회를 주신 것이다. 황영택 선생님이 아니었다면 그 누가 모세를 엄하게 가르쳤겠는가. 참사랑의 훈육이 모세를 한층 발전시키는 계기가 되었다.

하나님께 붙들린 사람

사람이 아무것도 할 수 없을 때 하나님은 은혜를 베풀어 주셨습니다.
환경이 우리 모두를 힘들게 하고 있지 않나요?
환경 보시지 말고 어떤 어려움이 있더라도 절대 포기하지 마시고
있는 것에 감사하면서 믿음으로 기도하시어 고난이 기쁨이 되고
절망이 희망이 되는 하나님의 귀한 은혜로 축복받기를 소망합니다.
모세를 살리고 걸작품으로 만드신 불가능을 가능케 하신 그 하나님이
우리의 하나님이심을 기억하세요.
모세에게만 일어난 기적이 아니라는 사실 또한 알고
지금 이 순간이 나에게도 일어난 기적이란 걸 잊지 마세요.
우리의 아무렇지 않은 이 평범한 일상이 지금도 누군가에겐
간절한 아주 간절한 기도가 되고 있다는 사실을 아시고
 지금 이 순간을 감사하면서 행복하시길 소망합시다.

백석예술대학교 입학

　　　　　　모세는 자기의 이름을 쓰는 것도 힘들고 단어의 의미를 잘 이해하지도 못한다. 반복과 훈련을 통해 작은 행동 하나를 익히는 정도에 그친다. 학습을 통해 뭔가를 해나간다는 것은 무척 힘든 일이다.

　장애아의 부모는 아이가 고등학교를 졸업하면 다음 진로 문제로 고민이 많다. 상급학교로의 진학률 자체도 매우 낮다. 장애아의 상급학교 진학은 아이의 학습능력을 키우거나 삶을 더 전진시키리라고 기대하는 차원은 아니다. 그리고 진학이 아이의 선택도 아니다. 온 가족이 함께 고민하고 결정하게 된다. 나의 지나친 열의가 아이를 더 고통스럽게 할 수도 있다. 시험 문제지에 자기 이름 석 자도 쓰기 힘든 아이에게 일반 학생들과 같은 공간에서 수업을 듣게 한다는 것은 모든 것이 염려되는 일이다. 결정은 우리가 내리더라도 새로운 상황에 적응하고 이겨내는 것은 전적으로 아이의 몫이기에 더욱 고민된다.

모세가 고등학교 3학년이 되었다. 대부분의 고3 학생들은 당연하게 대학 진학을 위해 수능시험을 치르고 대학 입학을 준비하지만 장애를 가진 아이들은 대학 입학 여부를 두고도 가족 전체가 고민한다. 아이가 당장 대학에 입학한다고 해도 수업을 따라갈 수 있는 능력이 되지 못하기 때문이다. 강의를 듣고, 과제를 하고, 심지어는 등하교 하는 일까지 누군가의 도움이 필수적이다.
　모세가 학교 수업에 들어가면 학부모들도 한 곳에 모여 정보도 교환할 겸 이런 저런 이야기를 하며 시간을 보낸다.
　"나는 우리 모세 학교 졸업하면 대형 운전면허를 따서 관광버스 운전이나 할까봐. 돈도 벌고 모세도 옆에 태우고 다니면 자연스럽게 여행도 되고... 일단 내가 운전하는 걸 좋아하니까 나는 대형면허 시험이나 볼까보다."

모세백석대 졸업식 (할머니와 누나와 엄마)

수원시 장애인 합창단 단원

아이의 졸업이 다가오자 엄마들 사이에서 졸업 후의 계획에 대한 이야기가 나오기 시작했다.

그때 장애인 단체 두드림을 통해 대학입학을 목표로 레슨을 받았다. 모세는 성악의 꿈을 안고 백석예술대학교에 실기시험을 치르고 장애인 특례 입학을 하였다. 첫 등록금을 두드림에서 후원해 주기로 했는데 무슨 이유에서인지 그 사업이 취소가 되었다.

등록금 때문에 고민하고 있을 때 수원시 장애인 합창단 지휘자 이원희 선생님 께서 "어머니 지금까지 모세 위해 기도 하셨잖아요. 함께 기도해요" 라고 하셨다. 그후 선생님이 섬기시는 수원 농천교회 장학회에서 모세는 외부 장학생으로 선발되었고 매학기 150만원씩 졸업할 때까지 장학금을 받게 되었다.

이원희 선생님은 모세를 최연소 합창단원으로 받아주시고 사랑으로 지도해 주셨다. 뿐만 아니라 박동수 회장님을 비롯한 모든 합창단 단원들도 모세를 아껴주시며 모세를 항상 응원해 주신다.

이 글을 빌려서 이원희 선생님과 농천교회와 목사님, 장로님께 감사드린다.

걱정도 많이 되었지만 뜻밖에도 아이는 대학 생활에 빠르게 적응해갔다. 그러나 가끔 수업시간에 혼자서 깔깔깔 웃거나 몸을 떨면서 돌출행동을 했다. 아이가 기분 좋을 때 눈에 띄게 하는 행동이다. 함께 공부하는 학우들이 넓은 마음으로 모세의 장애를 받아들이고 이따금 생기는 돌출행동을 이해해준다고 하더라도 모세가 수업을 방해하는 것만은 사실이다. 모세는 또래 친구들이 다정하게 다가와 말을 걸어주는 것으로도 무척 행복해 하고 즐거워했다. 아이가 행복해 하는 모습을 보며 공부를 계속할 수 있기를 그래서 친구들과 함께 졸업할 수 있기를 소망했다.

어느 날 오전 수업을 즐겁게 마치고 오후 수업을 기다리는데 순간 모세의 입과 손이 꽈배기처럼 돌아가고 몸이 떨리면서 경기를 일으켰다. 흠칫 놀랐다. 이른 아침 수원에서 방배동까지 학교에 와서 계속 이어지는 강의를 일반 학생들과 똑같은 방식으로 따라가는 것이 몸에 무리를 줬던 것 같다. 경련을 일으키는 아이를 보면서 온갖 생각이 뒤엉키며 마음이 복잡해졌다. 힘들었을 아이에 대한 미안함, 안타까움...

그래도 많은 교수님들의 사랑과 관심 배려 속에 모세는 포기하지 않고 공부를 이어갔고, 모든 장애를 넘어서고 대학졸업의 영광을 안았다

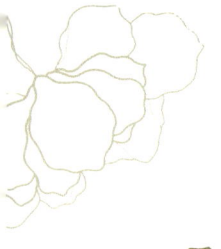

모세를 위한 '후원의 밤'

　　　　　모세가 7살 때 우리 가정이 출석했던 교회의 온 교우들은 너나 할 것 없이 모세의 건강을 위해 기도해주었다.

　남전도회에서는 모세를 위한 후원의 밤을 주최하여 모세의 음악 콘서트를 열어주기도 했다.

　당시 경찰대학에 근무하는 문성구 집사님은 대학 내 군악대원들과 모세의 협연을 주선했고, 군악대원 중에 성악을 전공한 장동일 의경은 두 달간 모세에게 일대일 노래 지도를 해주었다.

　레슨이 끝날 쯤 유부초밥을 싸들고 가면 장동일 형제는 늘 식사 기도를 모세에게 부탁했다.

　"정말 기분 좋고 감사한 하루입니다…"

　7살 모세의 기도는 독특했다. 어느 날은 날씨를 표현하기도 했고 어느 날은 건강을 빌기도 했다.

　그렇게 20년이 지나서 장동일 의경과 연락이 닿았다. 방송 출연을 통해 과거의 인연이 다시 이어지는 순간이었다.

그동안 그는 이태리 유학을 다녀왔고 크고 굵직한 무대에서 정상급 음악인으로 기량을 떨치고 있었다.

"집사님. 모세 레슨 할 때마다 싸다주신 유부초밥이 지금도 기억납니다. 정말 멋진 청년으로 자란 모세를 통해 많은 분들이 주님의 실존을 실감하고 주님께 영광 돌리길 소망합니다."

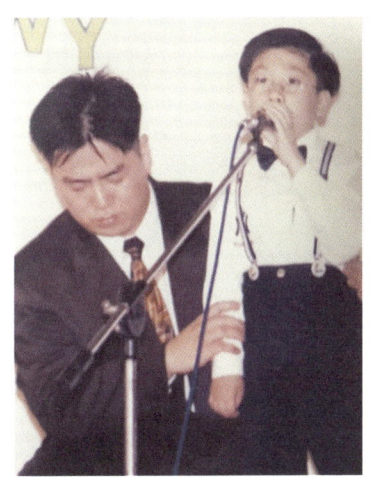

장동일 선생님과 모세

장동일 선생님과 시작된 무대는 20년 후에도 이어졌다. '희망 나눔 재단과 함께하는 찬양의 하모니' 2부 순서에 20년 만에 모세와 함께 20분 정도 공연을 함께 펼치기로 한 것이다.

많은 시간이 흘렀는데 서로의 축복 받은 모습을 확인할 수 있어서 더욱 감사했다.

모세는 찬양곡으로 '사명'과 '하나님의 은혜'를 불렀다.

이 공연은 고난주간과 부활절이 있는 4월을 맞이하여 주님을 사모하고 신앙을 고백하는 '희망의 메시지'라고 강조했다. 이 공연이 지금도 살아서 역사하시는 하나님을 실감하고 더불어서 주님을 증거하는 도구가 되기를 소망한다고 했다.

이 연주회는 크리스천 음악인과 '모세의 기적' 테너 박모세가 함께 하나님께 영광을 돌렸다.

기적의 청년 모세

　　　　　　모세는 7살 때 가수 윤형주 씨와 함께 무대에 서서 노래를 부른 것을 시작으로 10살 때인 2001년에는 '여자프로농구 개막식'에서 애국가를 제창하였다. 또 2012년에는 '세계 장애인 대회'인 'RI 대회'에서 주제곡을 부르고 반기문 UN 사무총장과 퍼포먼스를 펼쳤으며 2013년 '평창 동계 스페셜 올림픽 세계대회 개막식'에서는 전 세계가 지켜보는 가운데 애국가를 제창해 수많은 환호와 갈채를 받았다.

　　모세는 아무 것도 할 수 없는 사람에서 하나님의 선한 역사를 보여주는 통로로서 사용 되고 있다.

UN행사 강연을 마치고

나는 성경말씀을 읽을 때 모세에 대한 말씀을 깊이 묵상한다. 모세가 모세된 것은 전적인 하나님의 은혜였다. 남자 아이로 나서 살아난 것도 하나님이 살려주신 것이고, 물에서 건지심 받은 것과 이스라엘 백성들을 이끌고 출애굽 했던 것도 하나님의 인도하심이었고, 광야생활 동안 백성들을 이끌었던 것도 하나님의 도우심이었다. 성경의 모세는 처음부터 끝까지 하나님의 은혜로 살고 하나님의 일을 하고 죽었다고 나는 생각한다.

가수 윤형주 장로님과 함께

박모세 또한 그러하다고 믿는다. 하나님이 살려주셨다. 도무지 살 수 없는 상황 속에서 하나님이 그 생명을 건지시어 살게 하셨다. 자랄 수 없는 사람이었는데 자라게 하셨다. 일할 수 없는 사람인데 노래하며 일하게 하셨다. 처음부터 끝까지 하나님의 은혜였다.

이 사실을 고백하는 것만으로도 나와 모세는 행복하다. 하나님께서 모세를 살리시고 붙잡으셔서 오늘에 이르게 하셨다는 사실만으로도 얼마나 대단한 기적의 축복인가. 이 사실 하나만으로도 말할 수 없이 감사하고 감사할 뿐이다.

더욱이 모세는 지금 하나님의 역사하심을 나타내는 기적의 통로로 사용되고 있다. 지금도 일하고 있는 것이다. 이 또한 감사하지 않

을 수 없다. 하나님의 기적의 통로로 사용되고 있다는 사실은 진심으로 영광스러운 일이다. 그리고 앞으로도 하나님께서 모세를 사용하셔서 하나님의 뜻하심을 펼치시길 기도한다.

나는 고백한다. 우리는 아무것도 아니며 우리가 한 것은 아무것도 없다고. 하나님께서 그때그때마다 우리가 직면한 문제와 어려움을 하나님의 방법으로 해결해주시고 오직 하나님의 인도하심으로 여기까지 왔노라고…

앞으로도 하나님의 또 다른 인도를 기대하며 감사로 순종하겠노라고…

지금도 살아있는 모세는, 또 다른 지금의 기적이며 그 기적은 당연히 하나님이 행하시는 하나님의 역사하심이다.

"너는 내게 부르짖으라 내가 네게 응답 하겠고 네가 알지 못하는 크고 은밀한 일을 네게 보이리라"(렘 33:3)

하늘에 닿는 기도 '아멘'

모세는 예수님을 제일로 좋아한다.

예수님이 우리의 죄를 대신하여 십자가에 달려서 죽으신 것은, 잘 이해하지 못해도 죽을 수밖에 없었던 자신을 하나님이 살리신 것은 세상 무엇보다도 명확하게 알고 있다. 모세는 어릴 때부터 자신의 이야기를 수없이 많이 들어왔다.

뇌의 90%을 절단하고 죽을 수밖에 없었던 자신을, 하나님이 살리셨다는 이야기를 어린 모세의 귀에는 참 많이 들었던 말일 것이다. 그래서일까. 모세의 남아있는 10%의 뇌에는 온통 하나님으로만 가득 채워져 있는 것 같다.

어릴 때부터 성경말씀을 듣고 찬송을 듣고 하나님께 예배를 드리는 것이 모세의 일상이었다.

모세는 마치 습관처럼 '하나님 감사합니다'가 입에 붙어있다.

어디를 가든지 누구를 만나든지 무엇을 하든지 모세의 입에서 나오는 말은 오직 하나, 하나님 감사합니다.

모세에게는 하나님만이 자신의 전부이다. 모세의 삶의 초점은 오직 하나님에게 맞춰져있다. 하나님이 안 계시면 모세도 없는 것이다. 말 그대로 자다가도 하나님 하면 벌떡 일어난다.

모세가 참석하는 모든 예배는 마치 부흥회를 연상케 한다. 모세는 예배드리는 것을 너무나 기뻐하고 너무나 좋아한다.

찬송을 부를 때는 혼신의 힘을 다하여 기뻐 하나님을 찬송한다. 기도 시간에는 한 말씀 한 말씀마다 성령 충만함으로 마치 하늘에 닿도록 아멘을 외친다.

목사님이 설교하실 때는 중간 중간도 아니고 한 말씀 한 말씀마다 목청껏 아멘을 외친다. 교회가 떠나가라 쩌렁쩌렁 외친다.

모세의 호응도에 힘입어 목사님의 설교는 점점 힘이 들어가고 기쁨에 설교소리 또한 점점 더 커지신다. 모세의 성령 충만한 아멘에 감동하여 처음 교회에 나오신 분이 교회 등록을 하신 분도 있다. 매일 매일이 기적인 모세의 삶에서는 참으로 놀라운 일들이 많다. 모세는 어린아이와 같은 순수함으로 기뻐 하나님을 찬양하며 기뻐 하나님께 예배를 드린다. 그런 어린아이와 같은 순수함으로 기뻐 드리는 예배가 하나님이 기뻐받으시는 신령한 하나님께 드리는 진정한 예배이리라.

이르시되 진실로 너희에게 이르노니 너희가 돌이켜 어린 아이들과 같이 되지 아니하면 결단코 천국에 들어가지 못하리라. (마 18:3)

하나님 사용하옵소서

너무도 놀랐습니다.
쓰디쓴 나물을 씹으며
어떻게 하나 싶은 마음에
울음으로 기도만 했습니다.
하나님 감사합니다.
과정 과정 채우시는 하나님의 그 모습은
내게는 감격이었고 감사였습니다.
너무도 놀랍습니다.
하나님이 세우셔서
세상의 빛과 소금이 되게 하신 그 역사가 너무도 놀랍습니다.
모세는 애국가를 불렀습니다.
그 입술에서
토하듯
하나님의 은혜의 소리를 내고 있습니다.
모세가 노래할 때마다
사람들은 하나님의 은혜를 봅니다.
그리고 사람들은
하나님의 살아계심에 두 손을 모읍니다.
하나님.
이제 사용하옵소서.

하나님이 복음의 도구 만드시고
세상에 불어대는 하나님의 나팔이 되게 하셨습니다.
이제 사용하소서.
그래서 모세를 통하여
하나님이 세상에 보이고자 하시는
그 높은 뜻을 드러내소서.
순종하겠습니다.
따르겠습니다.
부르시는 그곳으로
부르시는 음성 따라
응하겠습니다.
이제 나는 그리고 모세는
하나님의 쓰시는 도구입니다.
하나님 사용하옵소서.
예수님의 이름으로 기도드립니다.
- 아멘 -

어릴 때 모세의 간증집회 기록

모세가 7살 무렵부터 찬양과 간증으로 하나님께 쓰임 받은 이야기를 짧게나마 그때그때마다 메모 형식으로 기록했던 작은 메모장이 있다. 책에 쓰기 위해서 메모장을 찾았으나 아무 데서도 찾지 못하고 있었다. 그동안 13번의 이사를 했으니 그 분주함 속에 분실했을 가능성이 컸다.

너무도 안타까운 마음을 하나님이 보신 것 같다. 어느날 모세의 물건을 따로 정리하다가 그렇게도 찾던 메모장을 우연히 찾게되었다. '하나님 감사합니다' 가 저절로 나왔다.

이십여 년 전 손바닥만한 메모장을 대하니 참으로 신기하고 놀랍다. 하나님의 은혜로 이 메모장에 기록된 글을 쓸 수 있게 되었다. 메모장의 겉표지에는 모세 간증집회 기록과 활동 기록이라고 씌어있다.

1998년 12월 16일 수요일
〈장애인 가족 위로 잔치 및 노래자랑〉
이곳에 구경 갔다가 우연히 모세가 노래를 부르게 되었는데 대상을 받았다.
노래 곡명은 가수 김종환 씨의 사랑을 위하여 를 불렀다.
아쉬운 것은 찬양을 불렀으면 한 것이다.
이 영광을 하나님께 드립니다.
상품은 보약이었다.
나는 전부터 시어머님에게 보약 한재라도 지어드리고 싶은 마음을 계속 가지고 있었다. 몸이 점점 약해지시는 어머님을 보며 안타까운 마음에 보약 한재라도 지어드리고 싶었지만 내 형편이 여의치 않았었다. 그런데 모세가 노래자랑에서 대상을 타고 상품으로 보약을 받은 것이다. 이 일을 결코 우연이라고 말할 수 없다. 하나님은 나의 중심을 보시고 나를 돌아 보셨다.
하나님은 모세를 우리 가정에 맡기면서 그냥 버려 두시지 않으셨다.
늘 지켜주시고 위로해 주셨다.
보약을 시어머님에게 드리며 참으로 기뻤다.
그리고 하나님께 감사드렸다.

1998년 12월 29일 화요일
〈장애인 밀알 선교단 송년의밤〉
모세에게 특별 찬양을 해달라는 부탁을 받고 찬양을 통해 처음으로 하나님께 영광을 돌렸다. 할머니께서 모세에 대한 간증을 간단히 하고 찬송가 460장 지금까지 지내온 것 주의 크신 은혜라 외 주님 한분밖에는 아는 사람 없어요. 두 곡을 불러서 이 자리에 참석한 모든 사람들에게 기쁨과 즐거움을 선사했다. 우리 가족의 기쁨은 모세가 찬양으로 주님께 영광을 돌렸다는 사실이다.

1999년 5월 1일 토요일
〈분당 순복음 교회 어린이날 천국잔치〉

어린이 구역예배에 참석한 모세에게 찬양을 해달라는 부탁이 들어왔다. 모세가 찬양을 부르는 모습이 너무 은혜스럽고 목소리가 너무 곱고 아름답다 하시며 초청하시는 집사님의 말씀에 하나님의 뜻이라는 생각이 들어서 기꺼이 승낙했다.

파란하늘 무지개 고운다리 건너서 주님 계신 하늘나라 모세는 찬양을 하고 10여 명의 아이들은 율동을 했다. 참석한 성도님들은 모두 한 마디씩 했다. 어쩌면 저렇게 소리가 예쁘고 노래를 잘하느냐며 칭찬이 자자했다. 주님께서 찬양사역 할 수 있도록 지금부터 쓰시는가 싶어 감격스럽다.

1999년 5월 24일 월요일
수원 문화회관 임마누엘 주최 〈오월의 멜로디〉

이곳에 출연하여 '사랑의 주님'과 '주만 바라볼지라' 두 곡을 불러서 하나님께 영광을 돌렸다. 무대의 서투름은 있지만 은혜는 넘쳤고 모든 사람들이 칭찬해 주었다. 앞으로 더 아름다운 찬양으로 하나님께 영광 돌릴 수 있도록 늘 기도로 힘써야겠다.
하나님 모세의 길을 인도하여 주옵소서.

1999년 6월 29일 화요일 7시
용인 문예회관에서 가수 윤형주 장로님과 함께 사랑의 콘서트를 하였다. 윤형주 장로님이 시각장애인을 위해 만드신 찬양곡인 '사랑의 주님'을 함께 부르고 '주만 바라볼찌라'도 찬양하였다. 많은 분들이 은혜를 받았으며 특히 윤형주 장로님께서는 '모세는 특별한 아이니까 잘 키우라' 하시며 손수 싸인하신 CD 두 장을 선물로 주셨다. 앞으로도 더 건강하게 주님 앞에 찬양을 통하여 영광돌리며 쓰임받기를 기도드린다.

1999년 11월 21일 주일 2시
〈용인 제일교회 어린이 예배〉

추수감사주일로 지키는 어린이 예배에 찬양과 간증을 하였다. 많은 어린이들이 모여 함께 은혜를 나눴다. 어른들도 많이 모였으며 외국인들도 있었다. 하나님은 오늘도 영광을 받으셨다. 앞으로도 하나님은 모세를 향한 모든 계획을 이루어나가실 것이다. 주님의 손에 붙들린 바 되어 세상 끝날까지 주님의 영광을 위해 살기를 기도드린다.

제4장 기적은 하나님이 행하시는 것 213

2000년 3월
영통 보배로운 교회 저녁 7시 예배
나는 몸이 너무 많이 아파서 모세와 함께 가지 못했다. 딸 혜지와 함께 모세를 보내면서 주님께서 함께하시길 나는 기도했다. 모세는 "엄마 최선을 다 할께요. 기도해주세요" 하면서 씩씩하게 갔다. 많은 사람들이 은혜 받았다며 씩씩하게 돌아온 모세를 보면서 주님께 다시 한번 감사드렸다. 주님 언제나 모세를 통해서 영광 받으시옵소서.

1999년 10월 31일
신갈장로교 감리교연합예배 〈사라 여선교회 주최 간증 집회〉
나는 모든 것을 주님께 맡기고 주님의 영광만 드러나기를 기도하며 단위에 섰다. 하나님께서 모세에게 행하신 기이한 일을 성도들에게 전했다. 모세는 '사랑의 주님, 고백, 예수 믿으세요, 오 예수님'을 찬양했다. 모든 성도님들이 다 은혜를 받고 살아계신 하나님께 영광을 돌렸다. 목사님께서 주시는 사례금 ○○만 원을 모두 본 교회를 통해 첫 열매로 하나님께 바치고 감사를 드렸다.

2000년 4월 20일 오후 8시
〈용인문예회관 장애인의 날 행사〉
장애인의 날 기념행사로 사랑의 콘서트에 모세가 출연했다. '사랑의 주님'과 '고백'을 불러서 많은 사람들과 은혜를 나눴다. 설문 조사 결과 모세의 찬양이 가장 좋았다가 열의 아홉은 모세라고 답하여 압도적이라고 말했다. 모세는 정말 특별한 아이다. 하나님의 섭리 가운데 이 세상에 보내졌고 선한 도구로 쓰임 받는 모세를 보니 한없이 감사하고 기쁘다. 끝날까지 함께하실 하나님을 찬송합니다.

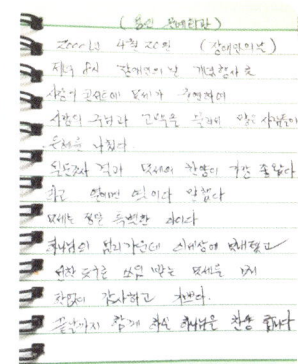

2000년 4월 30일 화평교회 2시 예배
장애인을 섬기는 교회다. 기도하면서 은혜 받고 모세의 찬양을 통해서 내가 먼저 은혜를 받았다.
'사랑의 주님, 고백, 예수 믿으세요, 오 예수님' 찬양이 끝나자 많은 분들이 은혜를 받고 눈물을 흘리셨다. 장애인은 동정의 대상이 아니다. 우리보다 지체가 조금 불편할 뿐이다. 편견을 가진 사람들에게 예수님의 사랑의 메시지가 오늘 아름답게 전해지길 기도드린다. 모세를 통해 영광 받으신 하나님 감사합니다.

2000년 4월 30일
신갈 성심교회 오후 7시30분 예배
많은 분들이 은혜 받았다고 하시며 모세와 악수를 청했다. 모세는 목사님께 축복기도를 해주세요, 목사님은 모세를 위해 기도해 주셨다. 아멘, 하며 큰소리로 씩씩하게 대답하는 모세를 보며 역시 모세는 하나님이 함께 하신다는 것을 다시금 깨닫게 하였다. 기도 많이 해줄게, 많은 분들이 모세를 격려하고 칭찬해 주셨다.

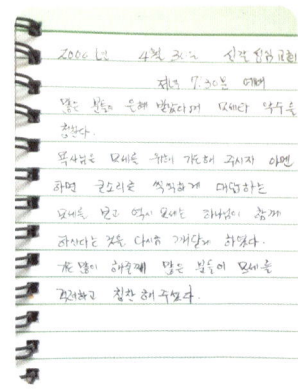

2000년 5월 14일
용인 제일교회 오후7시30분 예배
어버이 주일 예배로 드리는 찬양간증집회에 초대 받았다. 정말 많은 사람들이 모였고 은혜를 많이 받았다고 하시며 나와 모세를 격려해 주신다. 아이들이 모세를 보려고 많이 모였다. 어버이주일 아이들과 함께 은혜를 나눌 수 있어서 참으로 기뻤다.
(이 집회를 위해 우리 교회 목사님과 성도들이 함께 기도함)

2000년 5월 23일 화요일 오후6시
수원 문화회관 〈오월의 멜로디〉 제 2회 출연
모세는 '고백, 사랑의 주님, 군밤타령'을 부르고 '흥부전'을 익살스럽게 하여 많은 사람들이 감동을 받았다. 작년보다 더 건강해졌다 시며 격려해 주시는 분들도 많았다. 더 건강하게 많은 분들에게 기쁨이 되어 주길 주님께 간절히 기도드린다.

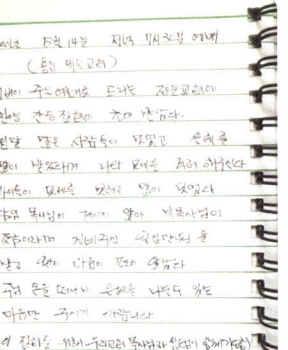

2000년 11월 19일 주일
용인 중부교회 9시 예배 11시 예배 2번의 간증과 찬양
2번에 걸쳐서 모세를 통해 하나님의 영광을 많은 분들과 나타내고 또 많은 은혜를 나눴다. '목사님 저 축복 기도해주세요' 모세가 기도의 욕심이 많음을 또 나타냈다. 목사님은 모든 성도 앞에서 간절히 축복해 주셨고 모든 성도들이 아멘으로 하나님께 영광 돌리고 축복해 주셨다.

2001년 4월 18일 수요일
지곡리 중앙교회 〈장애인의 날 기념예배〉
11시 기념예배에 참석하여 특별 찬양으로 '고백, 반드시 내가 너를 축복하리라' 두 곡을 불러서 하나님께 영광을 돌렸다.
장애인과 몇 분의 성도, 많은 사람은 모이지 않았지만 정말 은혜스러운 자리였다. 앞으로 모세가 하나님의 영광을 나타내는 일에 더욱 더 크게 쓰임 받으리라. 학교 수업 2시간을 빠졌지만 하나님께서 모세에게 더 많은 지혜를 주셨으리라 믿고 감사드린다.

2001년 5월 19일 토요일
용인시청 시장 앞길 (사랑의 동전 띠 잇기)
장애아동 미래준비협회가 주최한 사랑의 동전 띠 잇기에 참여

제4장 기적은 하나님이 행하시는 것 217

했다. 중앙에 무대를 설치하고 길게 늘여진 흰 천 위로 여러 사람들의 사랑이, 동전으로 길게 꼬리를 물었다. 모세는 '군밤타령'과 '예수 믿으세요'를 불러서 큰 박수 갈채를 받았다. 은혜 받은 한 사람이 모세에게 5천원짜리를 쥐어주며 사랑을 나눴다. 받은 돈을 동전 띠 잇기에 연결시켰다. 하나님의 살아계심을 다시금 나타낸 하루였다.

2001년 5월 22일 화요일
〈5월의 메로디 제 3회 출연〉
1회부터 3회까지 빠지지 않고 출연한 5월의 멜로디 행사. 마지막 출연자인 모세를 보기 위해 많은 관중들이 모였다. 모세가 얼마나 컷는지 보고싶어 오셨다는 많은 분들... 그러나 오늘은 반주자 와의 호흡이 잘 맞지 않았다. 내가 볼때는 망쳤지만 하나님께서는 오늘도 모세를 통해 영광 받으셨으리라.

2001년 5월 25일 금요일
삼육재활학교 주최 〈삼육 가요제 예선 참가〉
삼육센터에서 열린가요제 예선 100여 명이 참가하여 열전을 벌였다. '이슬'이란 동요를 멋지게 불렀다. 결과는 월요일에 통보 한단다. 예감이 좋다. 5월 28일 월요일은 열 감기로 인해 학교를 가지 못했다. 그러나 반가운 소식이 왔다. 본선에 진출하게 되었다. 좋은 결과를 주님께서 주시리라 믿는다.

2001년 5월 31일 오후 3시
〈삼육 가요제 본선〉
가수 해바라기의 '사랑으로, 내가 살아가는 동안에 할 일이 또 하나있지' 많은 사람 속에서도 당당히 무대에서 노래 부르는 모세의 모습이 자랑스럽다. 어른들이 가지고 있는 기교는 부리지 못하지만 순수 자체인 모세의 모습이 감동스럽다. 인기상의 영광을 안은 자랑스런 모세. 많이 힘들고 고통스러운 일들이 있을지라도 우리 모세와 함께하시는 주님이 계시기에 모세는 행복하고 우리는 감사합니다.

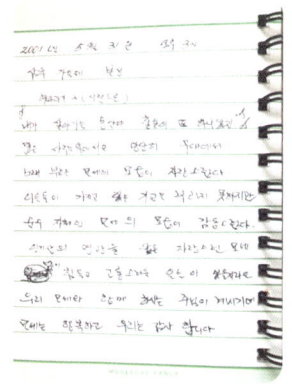

2001년 9월 5일 오전11시
〈제 17회 장애인 부모대회 올림픽 경기장〉
국무총리와 보건복지부 장관이 참석한 전국장애인 부모대회, 대회식에서 어머니에게 드리는 감사의 노래를 모세와 현이가 함께 불렀다. 마이크 조절을 잘 못해서 좀 아쉬웠지만 가사의 전달이 모든 부모님들의 심금을 울려 찬사를 받았다. 좀더 나은 무대 매너와 호소력으로 많은 사람들에게 기쁨을 전하는 모세가 되기를 기도 드린다.

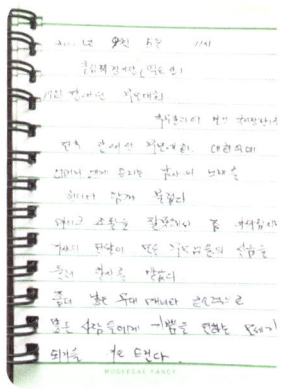

2001년 12월 17일 월요일 1시30분

장충 체육관 여자프로농구 개막식에서 모세와 현이가 애국가를 제창했다. 현대와 신세계 개막 프로농구 대제전이 시작되는 개막식에 애국가를 불렀다. 스포츠 조선 기자가 와서 인터뷰를 하면서 반응이 너무 좋다고 한다. 1세트 경기를 마친 후 모세와 집으로 오려고 하는데 보건복지부 장관께서 '모세야. 노래 잘 불러줘서 고맙다' 며 악수를 하고 자신의 몸에 차고 있던 손목시계를 풀러서 모세에게 주었다. 참으로 감사한 일이다. 모세를 향하신 하나님의 계획이 방송 전파를 타게했다. 주님 감사합니다.

2002년 1월 6일 주일 7시30분
의왕 고천 성결교회 (찬양 간증집회)
목사님은 모세를 불시에 찾아온 천사라고 소개했다. 하나님의 음성을 듣고자 기도하면 어느 날 다가온 주님의 이름을 부를 수 없었어요. 똑바로 보고 싶어요 주님 온전한 눈빛으로, 당신은 사랑 받기 위해 태어난 사람, 모세의 찬양으로 하나님께서 영광 받으시고 많은 분들이 은혜를 함께 나누었다.
순종함으로 큰 열매를 맺음이 어머님의 기도 덕분임을 깨달으며, 기도만이 살 길이라는 것을 다시 한번 느껴본다.

2002년 1월 27일 주일 7시

서울 정릉 성광 성결교회

하나님의 음성, 고백, 똑바로 보고 싶어요, 오 예수님. 순종하는 마음으로 단위에 섰다. 나의 부족한 입술이 주님의 영광을 드러냄을 감사드립니다. 딸 혜지의 피아노 반주, 모세의 호소력 있는 찬양, 우리 가족 모두가 쓰임 받는 사실이 너무 감사하다. 더욱더 충성된 종이 되길 기도하며 모두가 다 은혜 받음에 다시 한번 감사 드립니다. 목사님과 성도님들의 배웅을 받으며 돌아왔다. 주님 감사합니다.

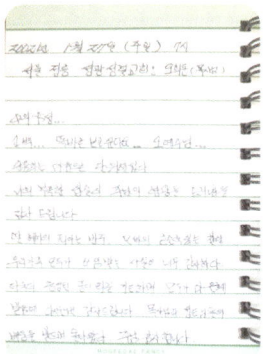

2004년 4월 18일 주일 11시

매탄동 은혜교회 (장애인 주일)

성경암송: 요한복음 15장 1절에서 17절 말씀 찬송 '누군가 널 위해 기도하네, 하나님은 너를 지키시는자' 누나의 반주를 통해 은혜롭게 성경암송과 찬양을 하여 하나님께 영광 돌리며 많은 분들이 은혜를 나눴다. 성도님들이 은혜 받아 눈물을 흘리시는 분들이 많이 계셨다. 앞으로 더욱더 많은 교회에서 주님의 영광을 높여드리기를 간절히 기도드린다.

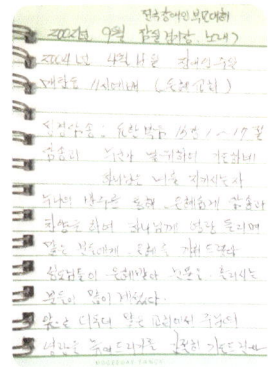